本書では、日本で現実に起きているさまざまな人権問題を取り上げながら、それを国際人権法に照らしてみることで、日本を現場とする「国際人権」の問題に光をあてていきたい。

序章では、国際人権基準とそれを運用するシステムについて概説するが、制度の話についてはいったん読み飛ばしていただき、国内の現場を取り上げた第一章から読み始めていただいても構わない。

目次

序 章

国際人権基準とそのシステム

国連欧州本部(スイス・ジュネーブ)にある人権理事会の議場内(2019年3月)

最初に、本書で「国際人権基準」ないし「国際人権法」と言っているものはどのような法体系なのか、基本的なことを押さえておこう。

国際的な人権保障の出発点は国連憲章

国際的な人権保障の出発点になっているのは、一九四五年の国連憲章だ（その歴史的背景や意義については、第一章【コラム　国際人権法の誕生とその背景】を参照）。国連憲章は、「人種、性、言語又は宗教による差別なくすべての者」の人権尊重のために国際協力することを国連の目的の一つとし（一条、総会の目的として一三条、経済的、社会的国際協力の目的として五五条）、加盟国も、そのために国連と協力して行動をとることを誓約する（五六条）としている。

国連は第二次世界大戦を経て創設された国際平和組織であり、その最大の目的は国際平和の維持だが、人権尊重のための国際協力も国連の目的とされているのは画期的なことだ。

実は、国連憲章には、国連には「本質上いずれかの国の国内管轄権内にある事項」に干渉する権限はない、とした規定がある(二条七項)。いわゆる「国内問題」についての規定だ。そのため例えば、南アフリカ共和国(南ア)がアパルトヘイトという人種差別政策を実施して国連総会や経済社会理事会で非難されていたころ、南ア政府はこの規定を持ち出して、そのような政策をとってもそれは「国内問題」だという主張をしていた。

しかし、国連憲章が人権の尊重、それも「人種」による差別のない人権尊重のための国際協力を国連の目的として明文で掲げている以上、国連の諸機関が、アパルトヘイトというあからさまな人種差別政策の問題を取り上げることは正当であり、何ら問題ないはずだ。しかも南アは国連加盟国として、国連の目的のために国連と共に取り組むことを約束している。そのため、南ア政府の立場を支持する加盟国はなく、アパルトヘイトは国連加盟国にあるまじき政策的、意図的な人種差別として国連で非難され続けた。オリンピックから南アを締め出すボイコット運動など、スポーツの分野でも活発な市民運動が世界的に展開された。そしてついに、一九九一年のアパルトヘイト撤廃に至ったのだ(その後、一九九四年に行われた初の全人種普通選挙で大統領に選ばれたのが、反アパルトヘイト活動家だった故ネルソン・マンデラ氏だ)。アパルトヘイト撤廃に至る国連の粘り強い取り組みは、国連の人権活動の一つの歴史的成果になった。

世界人権宣言——すべての個人と機関に向けられた普遍的な人権文書

ただ、国連憲章の人権規定は上記のように「人種、性、言語又は宗教による差別なくすべての者」の人権尊重を定めたにとどまり、それ以上の詳しい人権の内容については定めていない。そこで、国連憲章に基づいて経済社会理事会の下に設置された「人権委員会」で、(各国の憲法に「人権章典」があるように)国際社会で守られるべき人権を具体的にリストアップした「**国際人権章典**」を作ることになった。その最初の成果が、フランスのルネ・カサンやアメリカのエレノア・ルーズベルトら優れた知識人が国連人権委員会で起草した草案をもとに、一九四八年に国連総会で採択された「**世界人権宣言**」だ(英語での正式名称はUniversal Declaration of Human Rightsで「普遍的人権宣言」にあたるが、日本では「世界人権宣言」の訳が定着している)。

世界人権宣言は、前文で「人類社会のすべての構成員の固有の尊厳と平等で譲ることのできない権利とを承認することは、世界における自由、正義及び平和の基礎」だと謳っている。そして、国連総会は「すべての人民とすべての国民(all peoples and all nations)とが達成すべき共通の基準として、この世界人権宣言を公布する」とし、社会のすべての個人及びすべての機関(every individual and every organ of society)が、この宣言を念頭におきながら、指導や教育によってこれらの権利・自由の尊重を促すよう努力すべきことを述べている。

本文は三〇カ条からなり、一条から二八条までは、すべての人間の自由・平等(一条)、権利と自由の享有においていかなる差別も受けないこと(二条)、生命、自由、身体の安全に対する権利(三条)、奴隷制度や奴隷取引の禁止(四条)、拷問や虐待の禁止(五条)、法の前に人として認められる権利(六条)、差別なく法の平等の保護を受ける権利(七条)、基本的権利を侵害する行為に対して救済を受ける権利(八条)、恣意的な逮捕や抑留を受けない権利(九条)、公正な裁判を受ける権利(一〇条)、刑事裁判において無罪の推定を受ける権利(一一条)、私生活や家族、住居、通信に対する干渉や攻撃から保護される権利(一二条)、移動と居住の自由(一三条)、迫害からの保護を受ける権利(一四条)、国籍についての権利(一五条)、婚姻し家族を作る権利、家族が社会と国から保護を受ける権利(一六条)、財産を所有し恣意的に奪われない権利(一七条)、思想、良心、宗教の自由(一八条)、表現の自由(一九条)、平和的な集会と結社の自由(二〇条)、参政権(二一条)、社会保障についての権利(二二条)、労働の権利(二三条)、労働時間の合理的な制限と休暇についての権利(二四条)、適切な生活水準についての権利(二五条)、教育についての権利(二六条)、社会の文化的生活に参加し芸術を享受する権利(二七条)という一連の人権を規定している。

国連が発足したときの原加盟国は五一カ国しかなく(二〇二〇年三月現在は一九三カ国)、その三年後にこの宣言が採択された一九四八年にも、世界にはまだ、独立を果たしていない地域が多くあった。そのような時代に、世界人権宣言が、いかなる差別もないすべての人の自由と平等を掲げ、その理念を徹底させて、「個人の属する国又は地域が独立であると、信託統治地域であると、非自治地域であると、又は何らかの主権制限の下にあるとを問わず、その国又は地域の政治上、管轄上又は国際上の地位に基づくいかなる差別もしてはならない」とまではっきりと明文で書きこんだ(二条二項)のは画期的なことと言えよう。

また、世界人権宣言は、二八条から三〇条では、**人権の行使に関する一般原則**を規定している(人が権利・自由を行使するにあたっては、他の人の権利・自由の尊重を確保すること並びに、民主的社会における道徳、公の秩序、一般的福祉のために法で定められた制限にのみ服すること(二九条)、この宣言のいかなる規定も、いずれかの権利・自由を破壊するための活動を行う権利を認めるものと解することはできないこと(三〇条)など)。

人権が「すべての人」の権利である以上、その行使においては、当然、社会に生きる他の人の人権との調和を視野に入れる必要がある。例えば、「表現の自由」があるからといって、他の人が平穏に生きる権利を否定するような表現を公的な場所や媒体でまき散らすことまで認められるとは考えられない。他の人にも生きる権利があるのだから、そこには「他の人の権利・

自由の尊重を確保する」ために法で定められた制限がなされうる（この点、後でみるように、日本の現行の法律でも、個人に対する名誉毀損や侮辱は刑法上の犯罪や民法上の不法行為になりうるが、「○○人は死ね」「○○人は殺せ」といった、不特定多数を対象としたヘイトスピーチの規制は不十分だ）。世界人権宣言は、一つ二つの権利だけ都合よくつまみ食いできる「アラカルトメニュー」としての人権ではなく、すべての人間の尊厳・平等や、他の人の権利の尊重という基本原則を包含した「コースメニュー」としての人権のあり方を示している点で、今日の社会におけるさまざまな人権問題を考える際にも基本的な視座を与えてくれる重要な宣言だ。

世界人権宣言は、条約ではなく国連総会決議の形をとっているから、条約のように、国がこれを批准したりこれに加入したりすることはない。条約のように、批准ないし加入した国（締《てい》約《やく》国）に対して直ちに法的義務を課すものでもない（なお、「批准」は、条約に署名をした国が条約に入る手続をする場合の手続で、「加入」は、署名に参加しなかった国でも後から条約に入れるように手続が開放されている場合に、後から入る場合の手続だ。どちらも、国が条約に入る（締約国となる）点では同じである）。

しかし、条約でないことには強みもある。条約の場合、締約国には「条約を守れ」と言えるが、そうでない国に対しては言いにくい（ある条約上の規則の内容が広く一般化して慣習国際法になっていると考えられる場合には、「慣習国際法を守れ」という主張が可能である)。これに対して、世界人権宣言は、国連憲章の人権規定を具体化した「国際人権章典」の一部として作られ、国連総会で採択されたものだから(しかも、棄権は八票あったものの反対票はゼロ、賛成四八票で採択された)、少なくとも国連加盟国であれば守るべき基本的な人権基準と言えるのだ。

国際人権法の諸制度のうち、後でみる「国連憲章に基づくシステム」(例えば、国連の「人権理事会」で運用されている「普遍的定期審査(Universal Periodic Review, UPR)」)で、国連加盟国の人権状況を審査する際には、そこで使われる国際人権基準として、国連憲章と世界人権宣言が基本になる(加えて、その国が入っている人権条約)のはその証左だ。

また、世界人権宣言は「社会のすべての個人及びすべての機関」に向けられている点も重要だ。人権を侵害するのは国家権力ばかりではなく、私人や私企業でもありうるが、世界人権宣言は社会のすべての機関にも向けられていることから、企業も守るべき人権基準の基本と位置づけられている。グローバルな資本主義の発展に伴い、企業がその活動において人権を守るべきことは、近年は「ビジネスと人権」という形で取り上げられ、国連の「グローバル・コンパクト」や「ビジネスと人権に関する指導原則」(いわゆるラギー原則)などの形で基準設定が進んでいるが、その際に真っ先に出てくる最も基本的な国際人権基準は、世界人権宣言なのだ。

国際人権規約、その他の人権条約

他方で、人権に関して各国に法的な義務づけをするためにはやはり条約を作る必要があるから、世界人権宣言の採択後は、その内容を条約化する作業が続けられた。それは、一九六六年、「国際人権規約」として国連総会で採択される。「国際人権章典」を完成させる、包括的な内容の人権条約だ（人権保障を目的とした条約のことを人権条約と呼ぶ）。

「国際人権規約」は総称で、実際には、「経済的、社会的及び文化的権利に関する国際規約」（略して「社会権規約」）と、「市民的及び政治的権利に関する国際規約」（略して「自由権規約」）からなっている。一九五〇年代から六〇年代にかけては米ソの東西冷戦が激しくなっていたこともあり、どのような人権についてどのような義務規定をおくかについて議論が続き、ようやく一九六六年に採択に至った。

人権条約は国際人権規約だけではない。当時まだ南アのアパルトヘイトがあったことや、ヨーロッパでネオナチが出現したことなどを背景として、一九六五年には、いち早く人種差別撤廃条約が採択されている（以下、いずれも国連総会）。また、国際人権規約の採択後も、女性、子ども、障害者のように社会の中で特に弱い立場にある人々にとっての人権保障を充実させるため、別途に条約を作る流れが続いた。一九七九年採択の**女性差別撤廃条約**は、多くの国では参政権などの面で男女平等が進んでも女性の経済的、社会的地位は依然として低いままであることから、男性は仕事で女性は家庭という性別役割分担の考え方を変えていくことも含めた取り組みを求めた条約だ。**障害者権利条約**は二〇〇六年という比較的新しい条約で、「医学モデル」すなわち障害者がリハビリなどで障害をできる限り治療して社会参加の努力をすべきだという考え方から、「社会モデル」すなわち社会の側が合理的配慮をすることで障害者も暮らしやすい社会を築いていくべきだという新しい考え方への転換をふまえている。さらに、拷問や強制失踪のように、重大な人権侵害であって効果的な防止・処罰を要するものについても、別途に条約を作る動きが進んできた。拷問は自由権規約でもとうに禁じられているのだが、なかなか根絶されないため、一九八四年採択の**拷問等禁止条約**は締約国の防止・処罰義務について定め、また、選択議定書(附属の条約)では、拘禁場所への立入調査を行う拷問防止小委員会を設置している。

こうして、現在までに国連では左の九つの人権条約が採択されており(国際人権規約二つを含む)、これらを「**中核的人権条約**(core human rights treaties)」と呼んでいる(以下、「国連の人権条約」という場合はこれらを指す)。

〈国連における人権条約の採択〉

1965年　**人種差別撤廃条約**（日本は1995年に加入）
（「あらゆる形態の人種差別の撤廃に関する国際条約」）

1966年　**国際人権規約**（日本は1979年に批准）
（「経済的，社会的及び文化的権利に関する国際規約」＝「**社会権規約**」，「市民的及び政治的権利に関する国際規約」＝「**自由権規約**」）

1979年　**女性差別撤廃条約**（日本は1985年に批准）
（「あらゆる形態の女性*差別の撤廃に関する条約」
＊政府公定訳では「女子」だが，英語正文はwomenであり一般に「女性」が使われている）

1984年　**拷問等禁止条約**（日本は1999年に加入）
（「拷問及び他の残虐な，非人道的な又は品位を傷つける取扱い又は刑罰に関する条約」）

1989年　**子どもの権利条約**（日本は1994年に批准）
（「子ども*の権利に関する条約」
＊政府公定訳では「児童」だが，本条約でいうchild＝18歳未満の者をより適切に表す言葉として一般に「子ども」が使われている）

1990年　**移住労働者権利条約**（日本は未批准）
（「すべての移住労働者とその家族の権利の保護に関する国際条約」）

2006年　**障害者権利条約**（日本は2014年に批准）
（「障害者の権利に関する条約」）
強制失踪条約（日本は2010年に批准）
（「強制失踪からのすべての者の保護に関する国際条約」）

国連の人権条約は、国連加盟国をはじめ、全世界の国々に広く入ってもらうことを念頭において作られたものだが、その他の人権条約としては、ヨーロッパ人権条約のように、地域の国際機関で作られ、その加盟国が入るようになっているものがある(地域的な人権条約)。ヨーロッパ人権条約の下で設置されたヨーロッパ人権裁判所は、人権侵害に関する個人や国家からの申立を審理し、豊かな判例法を蓄積させていることで知られ、その判例法理は日本の学説や判例にも影響を与えている。

また、第一次世界大戦後の一九一九年に創設された国際労働機関(ＩＬＯ)は、労働者の権利に関する国際基準を条約や勧告のかたちで採択しており、ＩＬＯ条約は今日までで一九〇作られている(最も新しい一九〇号条約は、#MeToo 運動の世界的な広がりを受けて二〇一九年に採択された「仕事における暴力とハラスメントの撤廃に関する条約」だ)。ＩＬＯの定める国際労働基準も、人権と非常に関係が深い。

ＩＬＯの諸条約が規律している事柄の中でも、特に、①結社の自由と団体交渉権、②強制労働の禁止、③児童労働の禁止、④差別の撤廃の四分野に関する八つの条約(結社の自由と団結権の保護に関する八七号条約・九八号条約、強制労働に関する二九号条約・一〇五号条約、就業最低年齢に関する一三八号条約・最悪の形態の児童労働禁止に関する一八二号条約、同一価値労働の男女労働者の同一報酬に関する一〇〇号条約・雇用と職業における差別禁止に関する一一一号条約）は「基本八条約」と呼ばれ、ＩＬＯで「中核的労働基準」とされている最も基本的な条約だが、これらは、実質的に人権条約と言える内容のものだ（なお、日本は、基本八条約のうち一〇五号条約と一一一号条約の二つを批准していない）。

一九五一年の**難民条約**も、直接には難民受け入れ負担の公平化を目的とする条約だが、難民に対するさまざまな人権保障についても定め、広い意味では人権条約と言ってもよい条約だ。但し、難民条約については、難民問題を扱う国連の機関である国連難民高等弁務官事務所（The Office of the United Nations High Commissioner for Refugees, UNHCR）がその適用を監督することになっているため、二一ページ以下で見る国連の人権条約のようにそれぞれの条約で委員会（条約機関）をおく形にはなっていない。

「国連憲章に基づく手続」と「人権条約に基づく手続」

国際人権基準とその仕組みは、(1)「国連憲章に基づく手続（Charter-based procedures）」と、(2)「人権条約に基づく手続（Treaty-based procedures）」に大別できる。

(1)「国連憲章に基づく手続」は、国連憲章と世界人権宣言を基本的な人権基準として、国連加盟国を広く対象として運用される手続だ。

国連では、国連発足後から二〇〇六年までは、経済社会理事会の下に設置された「人権委員会(Commission on Human Rights)」の場を中心に、人権問題を扱ってきた(これは、後で述べる各人権条約の委員会とは異なる。区別するために、「国連人権委員会」とも呼ばれた)。この人権委員会が、国連の人権条約の起草の場となり、また、提起されるさまざまな人権問題について、それを取り上げる手続を作ってきたのだ。

国連の中で人権問題をよりメインストリーム化するための改革の一環として、二〇〇六年には現在の人権理事会(Human Rights Council)の設置が決まり[➡扉写真]、人権委員会に取って代わっている。名称も「理事会」という名前になり、一段格上げされたような位置づけだ。人権理事会は、国連総会の補助機関とされており、四七の理事国は国連総会で選挙される。人権理事会は、少なくとも年三回、合計一〇週間以上の会合をもつ。

人権理事会は、総会や経済社会理事会、安全保障理事会のような他の国連機関と同様、国家代表によって構成されている。国家代表からなる、いわば政治的なフォーラムで人権問題を扱うわけだ。そのことには、国家や国家グループの政治力で他国の行動に影響を与えうるというポジティブな面もある一方で、人権問題に対する姿勢において、同盟国どうし擁護し合うといった政治的な思惑が働く余地があるというネガティブな面もある。国家代表からなる機関が扱うことによる人権問題の政治化は、人権委員会の時代から指摘されてきた問題点だ。

そのため、人権理事会では、人権問題の検討における普遍性、客観性、非選別性を確保することや、二重基準(ダブルスタンダード)と政治化をなくすことの重要性が掲げられ、理事国の資格についても一定の工夫が加えられた(国連総会決議六〇／二五一「人権理事会創設決議」二〇〇六年)。理事国の構成は衡平な地理的配分に基づくとされ、アフリカ諸国グループから一三、アジア諸国グループから一三、というように地理的な枠がおかれていることは人権委員会のときと同様だが(このような地理的配分枠だけでは、立候補した国が少ない場合、人権問題への取り組みに問題のある国も簡単に当選してしまう)、選挙にあたっては、立候補国が人権に対してしてきた貢献や立候補の際に行った自発的な誓約・約束を考慮するとされた(同決議)。また、理事国でありながら「重大かつ組織的な人権侵害を行った理事国」については、総会は、出席しかつ投票する国の三分の二の多数で、その国の理事国としての資格を停止できることが新たに定められた(同決議。二〇一一年には、リビアに対して実際に資格停止が発動された)。

他方で、国連憲章は、経済社会理事会が関連の民間団体と協議するための取り決めを行うことができると定めており、これに基づいて、人権委員会の時代からすでに、NGO(非政府組織）の参加は国連の人権活動の重要な要素となってきた。一九六八年の経済社会理事会決議一二九六で定められた一定の条件（活動分野や目的、代表性・国際性、組織性、独立財政など）を充たしたNGOは、経済社会理事会の「協議資格（consultative status）」を取得できるのだ。協議資格には、そのNGOの関心分野が経済社会理事会の活動分野にどの範囲で関連しているかによって「一般（総合）協議資格」「特別（特殊）協議資格」「ロスター」という分類があり、その分類に応じて、国連の諸会合での活動が認められる。アムネスティ・インターナショナル、ヒューマン・ライツ・ウォッチなど、多くの人権NGOは「特別協議資格」を与えられ、経済社会理事会の下部機関である人権委員会での出席・傍聴、ステートメントなど書面の配布、口頭発言といった一定範囲の参加資格を認められてきた。人権理事会が創設されてからも、この仕組みは引き継がれている。

人権理事会が人権問題を扱う手続も、人権委員会の時代に定着したものを多く踏襲しているが、重要なのは「特別手続（special procedures）」と呼ばれる二つの手続、「国別手続（country procedures）」と「テーマ別手続（thematic procedures）」だ。国別手続は、例えばミャンマーのように特定の国の人権状況を対象にするもの、テーマ別手続は拷問、貧困などテーマごとに人権問題を取り上げるもので、その検討にあたる専門家が、「特別報告者」「独立専門家」などの資格で、人権理事会で任命される。

このうち、テーマ別手続の中には、一九八〇年に設置された「強制失踪作業部会(Working Group on Enforced or Involuntary Disappearances)」、一九九一年に設置された「恣意的拘禁作業部会(Working Group on Arbitrary Detention)」のように、専門家五名で作業部会を構成し、当該問題についての専門的な検討と実践を積み重ねて、任期を更新され今日に至っているものも多い。注目されるのは、この作業部会が両方ともそうであるように、人権侵害の被害者個人(又は、親族やNGOなどの代理人)からの通報を受け付け、当事国政府に対応を求める活動をしているものもあることだ。

恣意的拘禁作業部会の場合は、国際人権基準に合致しない以下のような自由の剝奪について調査する任務の一環として、個人からの通報を受理している。

カテゴリーI：刑の満了後や恩赦適用後の継続的な拘禁など、自由の剝奪を正当化するいかなる法的根拠も援用することが明らかに不可能な場合

カテゴリーII：自由の剝奪が、世界人権宣言七条、一三〜一四条、一八〜二一条で保障された権利・自由(及び、自由権規約の締約国である場合には、自由権規約一二条、一

八〜一九条、二一〜二二条、二五〜二七条で保障された権利・自由)の行使の結果である場合

カテゴリーⅢ：世界人権宣言(及び、締約国である場合には関連の人権条約)で定められた、公正な裁判を受ける権利に関する国際規範の完全な又は部分的な不遵守が、恣意的な自由の剝奪と言えるほど重大なものである場合

カテゴリーⅣ：庇護申請者、移民又は難民が、行政上の又は司法上の審査又は救済の可能性なく、長期間の行政拘禁を受けている場合

カテゴリーⅤ：自由の剝奪が、人間の平等を無視することを目的とするか又はそのような結果になりうる、出生、国民的、種族的もしくは社会的出身、言語、宗教、経済状況、政治的その他の意見、ジェンダー、性的指向、障害、その他の地位に基づく差別であり国際法違反を構成するもの

このカテゴリーⅡとⅢに特にはっきりとみられるように、恣意的拘禁作業部会が扱う人権問題は、国際的人権基準として、世界人権宣言を基本としている。加えて、関係国が自由権規約などの人権条約の締約国になっていれば、その基準も適用される。

恣意的拘禁作業部会に寄せられた通報の中には、ジュリアン・アサンジ氏(機密情報の公表・内部告発を行うウェブサイト「ウィキリークス」の創始者で、イギリスとスウェーデン当局による犯罪捜査手続の過程で一〇日間の勾留と五五〇日間の自宅軟禁を受け、それに続く数年間の在英エクアドル大使館内での保護下にあった)のケースなど著名な事件もある(アサンジ氏のケースでは、作業部会は二〇一六年、アサンジ氏のおかれた状況は恣意的な自由剝奪にあたるという意見を発表している)。

日本からもいくつかの通報が寄せられており、すでに委員会が見解を出したものもある。二〇一八年には、統合失調症の男性が、焼肉店でコーラ一本を万引きしようとしたという理由で警察から精神病院にヘリコプターで搬送され、そのまま数カ月間強制入院させられたという事案で、作業部会は、これは精神障害者に対する差別であり恣意的な拘禁にあたるという意見を示して日本政府に送付している。

また、人権理事会では、「普遍的定期審査(Universal Periodic Review, UPR)」という手続がある。これは、従来からあった「国別手続」だけでは、取り上げられる国とそうでない国について不公平感の問題が生じることから、平等にすべての国連加盟国を対象として人権状況の審査を行うこととしたもので、普遍性や非選別性の確保、二重基準の除去を掲げる人権理事会創設決議(前掲)で新しく導入されたものだ。これにより、四年に一度の間隔ですべての国連加盟国が人権理事会で報告審査を受けることになっている。また、人権理事会の理事国は人権の促進・保護において高い水準を保つべき立場にあるという考えから、理事国は、その任期の期間中に必ず審査を受けなければならない。

普遍的定期審査の制度で、各国の人権状況をどんな国際人権基準に照らして審査するかと言えば、やはり、基礎になるのは国連憲章と世界人権宣言であり、加えて、その国が締約国となっている人権条約だ(人権理事会決議五/一附属書「国際連合人権理事会の制度構築」二〇〇七年)。その他、その国が人権に関して行った自発的誓約・約束(その国が人権理事会選挙に立候補した際に行ったものを含む)も考慮に入れられる。

なお、普遍的定期審査は、国連加盟国の人権状況の審査を人権理事会の理事国が行う、一種のピア・レビュー(同輩による審査)だが、国家代表の間のやり取りにとどまらない複合的な要素をもっている。それは、審査では、当事国政府が出す報告書に加えて、人権条約の委員会がその国に関して出した所見など国連の公式文書に含まれる情報や、他の利害関係者(ステークホルダー。人権NGOのほか、その国の国内人権機関も含まれる。国内人権機関については、第四章【コラム　日本にも国内人権機関を作ろう】参照)が提供する情報も用いられるからだ。

以下でみるように、国連の人権条約では、締約国が各条約の委員会に対して定期的に報告書を提出し、条約の国内実施の状況についてチェックを受ける制度があるが(報告制度)、各国の人権状況は、それを通じて各条約の委員会がその国に出す所見(総括所見)の蓄積でかなりの程度明らかになっている。普遍的定期審査は、人権条約の報告制度の実績をバックにしつつ、それを補うような意味をもつ制度として機能していると言ってよいだろう。

(2)「人権条約に基づく手続」は、人権条約で、その条約の締約国に対して用いられる手続だ。国連の人権条約では、それぞれの条約上、締約国による条約の遵守状況をチェックしフォローアップするための「委員会」が設けられている。人種差別撤廃条約であれば人種差別撤廃委員会、自由権規約であれば自由権規約委員会、社会権規約であれば社会権規約委員会、女性差別撤廃条約であれば女性差別撤廃委員会、子どもの権利条約であれば子どもの権利委員会、という具合だ(なお、社会権規約委員会のみ、条約上の明文規定はないが、同規約のフォローアップを担う国連経済社会理事会の決議で設置された)。このような条約上の機関は、「**条約機関**(treaty bodies)」と総称されている。

人権理事会が国家代表で構成されているのと異なり、条約機関の委員は、個人の資格で活動する専門家だ(人数は、条約によって異なるが、多くの条約では一八名)。委員は、締約国から推薦を受けて締約国会議で選挙されるが、出身国の代表としてではなく、個人の資格で独立して任務を遂行する。なお、二〇二〇年三月現在、九つの条約機関のうち六つに、日本が推薦して選ばれた委員が加わっている(自由権規約委員会の古谷修一氏、人種差別撤廃委員会の洪恵子氏、女性差別撤廃委員会の秋月弘子氏、子どもの権利委員会の大谷美紀子氏、強制失踪委員会の寺谷広司氏、障害者権利委員会の石川准氏)。

人権条約の重要な特徴は、国が条約を批准ないし加入すればそれで良しとするのではなく、その後のフォローアップの制度があることだ(「国際的実施措置」とか、「履行確保制度」などとも言われる)。国が人権条約に入ることは重要だが、それはむしろスタートラインであって、大事なのは、その後、どのような取り組みをして人権状況を改善しようとしているか、また実際に改善がみられるかだ。

報告制度

国連の人権条約では、そのような制度の基本になっているのは「**報告制度**」だ。どの条約でも、締約国は、条約に入って一年以内、その後は定期的に(多くの条約では五年ごと)、条約上の権利を実現するために取った措置や、みられた進歩について、各委員会に報告書を提出するという制度だ。進歩があった点だけでなく、条約の実施に影響を及ぼすような要因や障害があれば、それも記載することになっている。

このように、報告制度は、人権条約においては、条約上の義務(〜の権利を確保する、保障する、〜の措置を取る、など)が、国が条約に入ったというだけで完璧に実施されるとは想定されておらず、問題のある点を含めて、継続的なフォローアップが必要だと考えられていることを表す制度だ。人権条約は、条約(＝国家間の法的な約束)といっても、国家間で何かをやり取り(例えば、かつて、戦争後に敗戦国が戦勝国に領土を割譲したような例)すれば終わりという昔のような条約ではなく、各締約国の国内で人権保障の取り組みをすることを求めるものだ。そして、人権を保障するということは、法制度を整えるというだけでなく、その運用にあたる公務員に人権教育・訓練をすることや、人権侵害が起こった場合には適切な対処や再発防止措置を取ることを含め、さまざまな積極的対策が必要となる、息の長い取り組みなのだ。

報告制度は、条約上は、報告書を出して委員会がそれを検討するというだけの規定のしかたになっているが、実際には、国連の欧州本部(スイス・ジュネーブ)で開かれる委員会の報告審査の場に、当事国の代表が招請され、委員からの質問に答えるという質疑応答が実施される。日本も、そのつど、関係省庁の担当者や国連代表部大使などからなる政府代表団を構成して、報告審査に臨んでいる。

その際、委員は、人権NGOからの情報を重要な情報源として政府代表に質問を行うことが慣例となっている。どこの国でも、政府の書いた報告書は、憲法や法律で人権が保障されていることを形式的に述べた内容になっているものであることが多いが、報告制度の趣旨からして、委員が知りたいのはそのような法律上の(*de jure*)状況というよりも、実際の(*de facto*)人権状況だからだ。委員は少ない人数で多数の(国連の人権条約の締約国は、移住労働者権利条約を除きいずれも百数十カ国にのぼる)締約国の報告書を審査しなければならないから、その国の実際の人権状況について詳細な知見をもっている人権NGOからの情報は必須の存在だ。特に、前述した国連の協議資格をもっているNGOの提出する情報は、信頼性の高いものとしてよく利用される。

日本の政府報告書審査の際にも、例えば自由権規約であれば日本弁護士連合会(日弁連)など、協議資格をもつNGOが、独自の報告書(カウンターレポート、オルタナティブレポートなどとも称される)を作り、英語にしたものを委員に事前に提供している。ランチタイムブリーフィングという形で、昼休みの時間に昼食を持ち寄って委員に集まってもらい、情報を提供することも行われている(拷問禁止委員会による日本政府報告書審議に先立ち、日本の刑事手続で警察の留置場＝代用監獄に被疑者を長期間勾留して取調べを行うことが「人質司法」として冤罪の温床になっている問題について、痴漢冤罪を描いた映画『それでもボクはやってない』の上映会が開かれたこともある）。関連分野の多数のＮＧＯが共同でＮＧＯレポートを作成する場合も多くなっている（人種差別撤廃条約について「人種差別撤廃ＮＧＯネットワーク（ＥＲＤネット）」が結成されて共同でＮＧＯレポートを作成した例や、女性差別撤廃条約について「日本女性差別撤廃条約ＮＧＯネットワーク（ＪＮＮＣ）」が同様に「日本ＮＧＯジョイントレポート」を作成した例など）。

図 0-1　2019 年 1 月に行われた子どもの権利委員会による日本政府報告書審査の様子（国連ウェブ TV, http://webtv.un.org/）

　報告制度において質疑応答の対象になっている人権問題は、まさに、日本にいる私たちの人権問題そのものだから、ジュネーブで行われている報告審査のプロセスに人権ＮＧＯが関心をもち、関わることは不可欠だ。審査は公開の会議で行われ、人権ＮＧＯも傍聴できるから、その様子を記録して国内に伝えることも大切だ（現在では、人権理事会の審議同様、人権条約の委員会における報告審査の模様もウェブ中継されており、過去のものもアーカイブで視聴が可能だ）。

　委員の質問に政府代表が十分に答えられなければ、日を改めての回答を求められることもあるし、質問対象となった問題は次回の報告審査の際も重ねて取り上げられる可能性が高い。

報告制度が生んだ成果

報告審査の際の質疑を契機として、政府の公式見解が変わることもある。その例は、自由権規約二七条に関する日本政府の説明だ。

本条は、「種族的、宗教的又は言語的少数民族(マイノリティ)が存在する国において、当該少数民族に属する者は、その集団の他の構成員とともに自己の文化を享有し、自己の宗教を信仰しかつ実践し又は自己の言語を使用する権利を否定されない」と規定する。これについて、日本政府は、自由権規約批准後の第一回報告書(一九八〇年)では、「本規約に規定する意味での少数民族は我が国には存在しない。」と記述していた。しかし、審査では委員から、日本にはアイヌ民族や在日朝鮮人がいるではないか、という質問が出たのだ。

そのため、政府の第二回報告書(一九八七年)では、前回提起された「アイヌの人々の問題については、これらの人々は、独自の宗教及び言語を保存し、また独自の文化を保持していると認められる一方において、憲法の下で平等を保障された国民として上記権利の享有を否定されていない。」という書き方になった。しかし、この説明も、憲法上の権利の享有について述べているだけで、自由権規約二七条の権利については明言していないため、再び質問を受けた。その結果、政府の第三回報告書(一九九一年)では、「アイヌの人々の問題については、これらの人々は、独自の宗教及び言語を有し、また文化の独自性を保持していること等から本条にいう少数民族であるとして差し支えない。」という記述に変わったのである。地味な変化に見えるかもしれないが、「いない」と言っていたものを「いる」と政府が認めたのだから、それ自体大きな変化だ。

報告審査後、委員会は、その国に対して、評価される事柄のほか、懸念事項と勧告(どの国の場合でもこの二つが中心である)を含む「総括所見」を採択して政府に送付する。「総括所見」でなされる条約機関の指摘は、相当に的確で、耳を傾けるべきものが多い。例えば、自由権規約の下で行われた第四回目の日本政府報告書審査(一九九八年)後の自由権規約委員会は、日本における受刑者の人権状況について、以下のような懸念を表明していた。

「委員会は、日本の行刑制度の多くの側面に深い懸念を有しており、これらは、規約二条三項(a)、七条及び一〇条との適合性に重大な疑問を提起するものである。特に委員会は、次の諸点に懸念を有する。

a 言論、結社及びプライバシーの自由を含む、被収容者の基本的権利を制限する厳しい所内行動規則

b 頻繁な独居拘禁の使用を含む、厳しい懲罰の使用

c 規則違反で摘発された被収容者に対する懲罰を決定するための公平かつ公開手続の欠如

d **刑務官による報復に対して不服申立を行う被収容者の不十分な保護**

e 被収容者の不服申立を調査するための信頼できる制度の欠如、及び

f **革手錠等、**残虐かつ非人道的取扱いとなりうる保護措置の頻繁な使用」

（強調は引用者）

名古屋刑務所事件

この数年後の二〇〇一年から二〇〇二年にかけて、日本では、名古屋刑務所事件と呼ばれる一連の虐待事件が起きた。名古屋刑務所で、刑務官が、受刑者に消防用の高圧ホースで水をかけたり、保護房という独房に収容され革手錠（太い革ベルトを腰と両手首に巻き付け、手を動かせないように固定する戒具）をつけられた受刑者の上に乗って腹を圧迫したりして死傷させたという

事件だ。受刑者が「弁護士会への人権救済の申立を取り下げるのを断ったら暴行を受けた」として、報復的な暴行を受けていたことも明らかになった。

この事件は、刑務所という密室内で発生した虐待として日本社会に大きなショックを与えた。また、事件が表面化した際、法務大臣が国会で、刑務所に関する当時の法律(明治時代にできた古い法律であった「監獄法」)で受刑者の不服申立手段として規定されていた「情願《じょうがん》」という制度について「知らない」と答弁したことも話題になった。

刑務官5人逮捕
受刑者に暴行容疑 革手錠で腹圧迫
名古屋地検

図0-2 刑務所で受刑者に暴行(朝日新聞2002年11月9日)

名古屋刑務所事件は、監獄法が抜本改正されて現在の「刑事収容施設及び被収容者等の処遇に関する法律」(被収容者処遇法)が制定されるきっかけになったのだが、申立をしようとした受刑者への報復を含め、この事件で顕在化した受刑者の処遇のさまざまな問題点は、一九九八年に自由権規約委員会から指摘されていた事柄のオンパレードだ(当時の新聞記事に「人権問題と国際的な批判」とあるのは、自由権規約委員会の総括所見のことを指している)。

他にも、例えば社会権規約委員会は二〇〇一年の総括所見

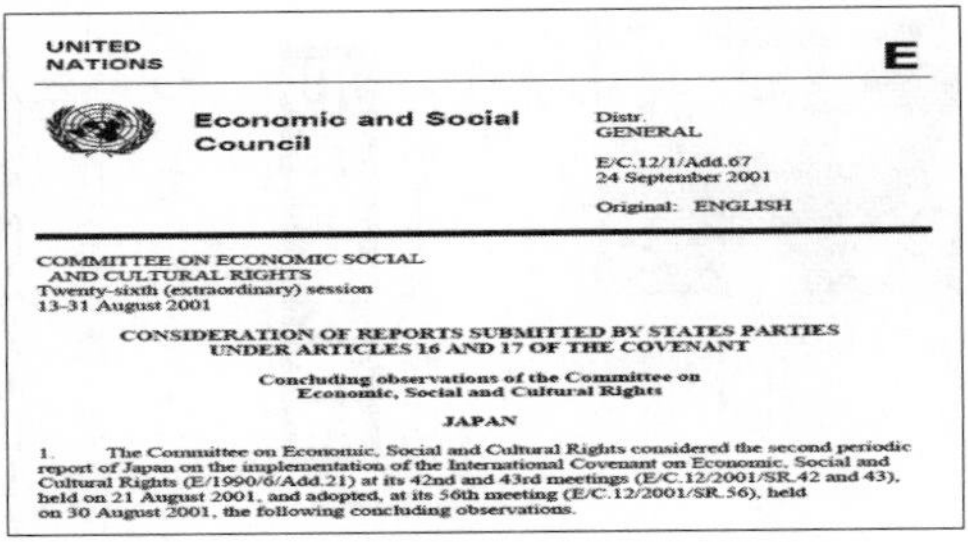
UNITED NATIONS

E

Economic and Social Council

Distr.
GENERAL

E/C.12/1/Add.67
24 September 2001

Original: ENGLISH

COMMITTEE ON ECONOMIC SOCIAL AND CULTURAL RIGHTS
Twenty-sixth (extraordinary) session
13-31 August 2001

CONSIDERATION OF REPORTS SUBMITTED BY STATES PARTIES UNDER ARTICLES 16 AND 17 OF THE COVENANT

Concluding observations of the Committee on Economic, Social and Cultural Rights

JAPAN

1. The Committee on Economic, Social and Cultural Rights considered the second periodic report of Japan on the implementation of the International Covenant on Economic, Social and Cultural Rights (E/1990/6/Add.21) at its 42nd and 43rd meetings (E/C.12/2001/SR.42 and 43), held on 21 August 2001, and adopted, at its 56th meeting (E/C.12/2001/SR.56), held on 30 August 2001, the following concluding observations.

図 0-3　社会権規約委員会による日本への「総括所見」(2001 年)の最初のページ

で、原発の安全性について、周辺住民に必要な情報の開示がなされていないことに懸念を示していた。情報を得る権利は表現の自由の一環だが、危険な物質から生命や健康を守るためにも欠かせない権利で、社会権規約で規定されている健康についての権利などにも関係する。二〇一一年三月に東日本大震災と福島原発事故が起きた際、放射性物質の拡散状況を知らせるために国が開発していたシステム（SPEEDI）のデータは約二カ月もの間公開されず、住民は何の情報もないまま逃げ惑う（放射線量の高いところに避難してしまった人も少なくなかった）事態になったが、その一〇年前のことだ。

二〇一一年の大震災時、福島県浪江町住民生活課長だった植田和夫さんは、五月になってから震災直後の風の流れと放射線量の高い地域のデータが明らかになったとき、町長が「これは殺人だろう！」と県の職員を怒鳴りつけ、県職員も涙を拭っていたこと、住民からは「何で放射線量の高い場所に避難させた」と次々と苦情が来たことを生々しく語っている（東京新聞二〇一二年三月一三日）。

一般的意見

なお、報告制度の枠内で条約機関が出すものとして、「総括所見」のほかに、「一般的意見(一般的勧告 general comments)」がある(女性差別撤廃条約など、条約によっては「一般的勧告(general recommendation)」)。

「総括所見」が、個別の国に向けて出されるのに対し、「一般的意見」は、文字通り一般的に、その条約の全締約国に対して、条約の解釈などについて条約機関の見解を明らかにし注意を喚起するために出される文書だ。例えば、「拷問」とはこのような行為であるとか、「品位を傷つける取扱い」にはこのような行為も含まれるとか、それらの行為を防止するためには締約国はこのような積極的な施策を取らなければならないとか、そういった内容のものだ。人権条約の規定は、あらゆる法文が多かれ少なかれそうであるように、解釈の余地がある概念を含んでいるが、人権条約では条約機関に報告制度を運用する任務が与えられており、条約機関は随時、「一般的意見(一般的勧告)」という形で条約機関としての考え方を示すことになっているのだ。

「総括所見」、「一般的意見(一般的勧告)」はいずれも、国際裁判の判決のような法的拘束力をもつわけではないが、条約で設置されている条約機関が熟慮の上で採択した文書として、締約国が真摯に参考にすることが求められる、条約実施の指針ともいうべきものだ。

個人通報制度

報告制度のほか、条約の国内実施状況をチェックするためのもう一つの主な制度としては、個人通報制度がある。人権侵害を受けたと主張する個人が、国内で利用できる救済手続を尽くした後に、直接(国を通さずに)、各条約の委員会に申立を出すことができる制度だ。委員会はそれを検討した後、条約違反があったかどうか、あった場合には当事国がどのような救済措置を取るべきかについての見解を公表する。

ただ、報告制度は国連の全人権条約で締約国の義務となっているのに対し、個人通報制度は、条約に入っている国がさらに受け入れ手続を取る必要がある、オプショナルな手続になっている。自由権規約や社会権規約、女性差別撤廃条約、障害者権利条約などでは、附属の条約である「選択議定書」を批准する必要があるし、人種差別撤廃条約では、条約の中の、個人通報制度の規定を別途受け入れる必要があるのだ。日本は残念ながら、個人通報制度はまだ一つも受け入れていない。

その他、人権条約によっては、先にふれた、拘禁場所への立入調査の制度について定めている拷問等禁止条約選択議定書のような附属の条約もあるが、日本はこれも受け入れていない。オプショナルな制度の中で日本が唯一受け入れているのは、強制失踪条約の国家通報制度(締約国が、他の締約国がこの条約を守っていないことについて委員会に申し立てられる制度)だけだ。

本来、人権を守るという義務自体は条約本体で負っており、個人通報制度や調査制度などはその義務の履行状況を確認するための手続にすぎないはずなのだから、個人通報制度や調査制度を全く受け入れないというのは、人権条約の遵守に対してあまりにも後ろ向きの態度と言わざるを得ない。強制失踪条約の国家通報制度を受け入れているのは、朝鮮民主主義人民共和国(北朝鮮)による日本人拉致事件を受け、強制失踪について日本政府が高い問題意識をもっていることを示すものと言えようが、国連の人権条約が定めている幅広い人権問題の中で、強制失踪条約についてだけオプショナルな手続を受け入れ、それも国家通報制度だけ受け入れるという姿勢は、あるべき姿とは言い難い。

個人通報制度を受け入れれば、人権侵害を受けた個人は、不服申立や裁判など国内で利用できる救済手段を尽くした後、人権条約の委員会に申立ができるようになる。そのことは、ひいては、国内の行政手続や司法手続などでも、行政官や裁判官が、人権条約の存在を意識し、条約の規定を守ろうという姿勢を取ることを促すはずだ。日本も個人通報制度や調査制度の受け入れを真剣に検討すべきだ。

日本国内における人権条約の位置づけ

人権条約は、条約(国家間の約束)といってもその中身は人権保障を定めるものだから、各国の国内で実施されることが肝要だ。国内の法秩序の中で、人権条約はどのような地位を占めるのだろうか。

条約が国内法秩序において占める地位は、国によって異なるが、日本では、条約遵守義務を定めた憲法九八条二項の規定から、国が批准ないし加入した条約は国内でも法的効力をもち(=現行法としての力をもち)、また、序列としては、条約は法律に優位する(=法律より上)とされている。

このことは、本書で挙げるような人権問題を国際人権基準に照らして考える際に最も基本的な視点の一つになる。例えば、入管施設に収容されている外国人の処遇は、日本の行政実務では、まるで、入管法という法律によってすべてが決められるかのように扱われている。しかし、入管法は、あくまで、日本の一つの「法律」であるにすぎない。自由権規約や拷問等禁止条約などの人権条約の方が、それにより上に立つのだから、入管法違反の状態にある外国人であっても、これらの人権条約が保障する人権は享受できなければならないはずだ。

憲法と条約との関係

また、憲法と条約との関係については、最高法規である憲法の方が優位だというのが一般的な考え方だが、これは、人権条約に関しては、あまり形式的に考えることは適切ではない。

憲法と条約どちらが優位かというのは、日本では従来主に、日本に米軍基地を置くことを定める日米安保条約は、平和主義を定める憲法九条に反しないか、という文脈で論じられてきた問題だ(米軍基地拡張に対する反対デモをしている際に米軍基地の敷地内に立ち入り、基地立ち入りを罰する刑事特別法によって逮捕・起訴された被告人が、刑事特別法が制定された大元の理由である日米安保条約がそもそも違憲なのだと主張した「砂川事件」で争点となった。この事件で最高裁はいわゆる統治行為論によって判断を避けた)。憲法学説では、日本国憲法上、憲法改正手続は厳格(両院の三分の二以上の賛成で発議、さらに国民投票)なのに、内閣だけで結ぶことも可能な(国会承認は事後でもよい)条約に憲法を上回る地位を認めるのは不合理であることから、憲法優位の考えが一般的だ。

しかし、人権条約は、条約といっても、日米安保条約のような条約とは全く異なる。人権保障のために、国際社会の多数の国が賛同して共通の人権基準を設定し、その内容を実現すべく各国で取り組もうという条約だ。憲法の人権規定も、人権条約の人権規定も、人権保障を目的としている点で共通する。人権条約は、憲法の人権規定と内容的に重なりつつ、より詳細な規定の仕方をしているなどの点で「プラスアルファ」の存在とみるべきものだ（なお、裁判の事案で、人権条約の規定を援用した主張に対し、裁判所が「人権条約と憲法の規定は同じ内容のものだ」と断言する裁判例も過去にあったが、おかしな考え方だ。仮にそうだとすると、国が人権条約を批准する意味は全くなくなる）。

最高裁も、婚外子の権利をめぐる二〇〇八年の判決（国籍法違憲判決）と二〇一三年の決定（相続分差別違憲決定）で、婚外子を区別する法律の規定（当時の国籍法では、未婚の日本人父と外国人母から生まれた子は、生後に父から認知を受けたとしても、父母が婚姻しない限り、日本国籍が取得できなかった。また、民法では、親が亡くなった場合の法定相続分は、婚外子の場合、嫡出子の半分だった）が憲法一四条に反する差別だと判断した理由の一つとして、自由権規約や子どもの権利条約も子どもは出生によるいかなる差別も受けないことを規定しているということを挙げた。

憲法と条約の上下関係を形式的にとらえるなら、上位の法を解釈するのに下位の法を参考にするという手法は、法的に説明がつかない。しかし最高裁は、日本で婚外子が受けている法律上の区別が、現在の日本社会において憲法上許されない差別にあたるかどうかを検討するにあたり、子どもは出生によるいかなる差別も受けないという人権条約の規定に沿った考え方をとり、それによって憲法の人権規定の解釈を発展させた。憲法の人権規定の解釈に、人権条約の趣旨を取り込んだのだ。

また、人権条約機関が出した「総括所見」や「一般的意見」は、法的拘束力はないとはいえ真摯に参考にすべきものだと述べたが、画期的なことに、最高裁も二〇一三年の婚外子相続分差別違憲決定では、自由権規約委員会や子どもの権利委員会の総括所見にも言及して、民法の規定を違憲と判断した。最高裁は、自由権規約や子どもの権利条約が、子どもは出生によるいかなる差別も受けないことを規定しているというだけでなく、自由権規約委員会と子どもの権利委員会が、婚外子の相続分差別について、日本に対する総括所見で繰り返し指摘をしていたことにもふれて、違憲という判断を導いたのだ。

国際人権基準に照らして人権保障のあり方を考える

このように、国際的な人権基準は、私たちにとって、人権保障のあり方を問い直すための普遍的な拠りどころとしての意味をもっている。

特に、国が批准ないし加入している人権条約とそのシステムは、国が義務として受け入れた明文の基準だから、国内で起きているさまざまな人権問題について、国際人権基準に照らして考える際の最も重要なツールとなる。婚外子のように、日本国内ではマイノリティとされ、その立場が法律や制度に反映されにくい存在であっても、国際的に認められた個人の人権の観点からは、日本の法制度やその運用のあり方に新たな光を当てることができるのだ。

私たちの国が、国際社会に通用するような人権保障を実現したいと考えるならば——人権条約に入るということは、そのような姿勢の表れのはずだ——、国際人権基準に照らして人権保障のあり方を考え、必要なら軌道修正することも受け入れなければならない。

以下では、日本で実際に起こっているさまざまな人権問題が、国際人権基準に照らすとどのように考えられるか、また、それらの問題に対して国際人権基準をどのように活かすことができるのかを考えていこう。

第 1 章

「不法滞在の外国人」には人権はないのか

——入管収容施設の外国人——

2020 年 1 月 23 日，立憲民主党・石川大我議員の主催で開かれた「入管の収容問題の改善を求める緊急院内集会」の様子(ハーバー・ビジネス・オンライン，https://hbol.jp/213804)

人権問題を国際人権基準の観点から見たとき、日本の現状とのギャップが最もはっきり現れるのは、外国人の人権をめぐるものだ。この章ではまず、出入国管理及び難民認定法(入管法)違反として収容されている外国人の人権について見てみよう。

退去強制手続と収容──「全件収容主義」

入管法は、日本に入国ないし日本から出国する人に適用される法律だ。日本人(日本国籍をもつ人)であれば、国民として日本に帰国する権利があるが、外国人の場合は、入管法に基づき、目的に応じた在留資格を取得し、それに合った査証(ビザ)を取得して入国する必要がある(但し、短期間の観光などの場合は、日本が数十カ国と結んでいる二国間協定で、相互にビザが免除される場合がある)。

外国人が、偽造パスポートや偽造ビザなどを用いて入国したり(不法入国)、許可された在留期間を過ぎて滞在したり(不法残留)することは、入管法上、退去強制(強制送還)事由となる(入管法はその他にも、人身取引を行った者など、退去強制に処せられる外国人について詳細に規定している)。

入管法は、容疑者が以上の退去強制事由にあたると疑うに足りる相当の理由があるときは、入国警備官は、「収容令書」によってその者を収容することができる、と規定している。収容令書は入管の主任審査官が出すもので、「収容することができる」という規定の仕方ではあるが、入管は、在留活動を行わせないためにも、全ての場合に収容するという立場を取っている(全件収容主義)。収容期間の上限は三〇日だが、加えて三〇日の延長が可能だ。入管の入国審査官による審査後、理由ありとされれば、主任審査官は「退去強制令書」を出すが、これによる収容の期間には上限がない。入管法では「送還可能のときまで」となっており、事実上、無期限に人を収容することができる。実際に、本人が難民申請をしている、日本に家族がおり帰国を拒否しているなどの理由で退去強制ができない場合には、収容は何年にも及ぶことがある。行政機関のみの判断で、裁判所による司法チェックがないにもかかわらず、刑事手続の場合(勾留には裁判所の許可が必要で、逮捕から最長二三日間)と比べても長期にわたるのが特徴だ。

入管収容施設内での処遇

出入国在留管理庁は、収容施設の処遇は適切に行われているとし、「収容施設の構造及び設備は、通風、採光を十分に配慮しており、冷暖房が完備されています」、「被収容者は、定められた時間内、居室以外の収容エリア内で自由に入浴、洗濯、運動等ができるほか、多目的ホールに設置された公衆電話で外部の者と話すこともできます」、「医師及び看護師が常駐し、被収容者の診療に当たっており、必要に応じて外部の病院に通院、入院させる等被収容者の健康管理に万全の対策が講じられています」などと説明している(http://www.immi-moj.go.jp/tetuduki/taikyo/shisetsu.html)。しかし、正確に言えば、公衆電話で家族などに電話をかけることはできるが、家族など外部からの電話を被収容者が受けることはできない(なお、新型コロナウィルスの影響で、二〇二〇年四月二八日から約一カ月間は、一般面会が禁止され、代替措置として外部からの電話を受け付けていた)。医師と看護師の常駐は日本弁護士連合会(日弁連)などが再三求めてきたものだが実現しておらず、体調不良を訴えていた被収容者の容態が悪化し死亡するケースも後を絶たない(例えば、日本にいる息子に会うためスリランカから観光ビザで来日した父親が、観光目的を疑われ収容された後、胸の痛みを訴えたが病院に搬送されず、急性心筋梗塞により東京入国管理局(東京・品川)の収容所内で急死した事件。「特別リポート：ニクラスはなぜ死んだか、入管収容所の現実」

https://jp.reuters.com/article/special-report-1-idJPKCN0WA2UB)。

ニクラスさんの場合、来日してわずか一〇日後に急性心筋梗塞を起こしての死亡であり、異国の地で突然身体を拘束されたことによるショックとストレスが大きかったことを窺わせる。

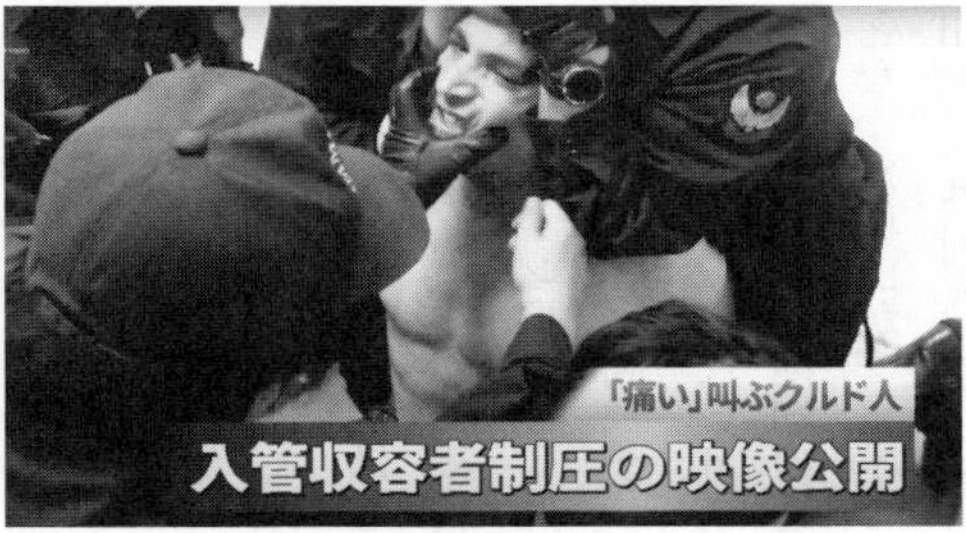

図 1-1　入管収容者制圧の映像（YouTube より）

他方で、収容施設に収容されている人々の多くにとっては、収容生活からいつ解放されるか分からないという不安と絶望が大きな精神的ストレスとなり、精神疾患を病むなどの原因となっているのが現状だ。

さらに、看過できないのは、反抗的な態度をとったなどの理由で、多数の職員に集団で制圧され暴力をふるわれる事態が明らかになっていることだ。東日本入国管理センター（茨城県牛久市）で二〇一九年一月、職員に取り押さえられた際に暴行を受けたとして、トルコ出身のクルド人デニズさん（四〇歳）が国に損害賠償を求めた訴訟で、国側は同年一二月一九日、取り押さえる様子を録画した映像を証拠として東京地裁に提出した。同日の口頭弁論終了後、デニズさん側がその映像を公開し、ユーチューブで一般公開されているが、その様子は凄まじいものだ。

外国人、まして、入管法違反の状態にある外国人には、人権は認められないのだろうか？もちろんそんなことはないのだが、外国人の人権をめぐる日本のリーディングケースとされるマクリーン事件最高裁判決が、問題含みなのも事実だ。

マクリーン事件判決の論理

マクリーン事件は、外国人に憲法上の人権は保障されるか、ということを論点として最高裁まで争われ、最高裁が一九七八年に判決を出した有名な事件だ。

英語教師として一年の在留資格で日本に在留し、琴の勉強もしていたアメリカ人のマクリーンさんは、在留期間の延長許可を申請したが、許可されなかった。マクリーンさんは、不許可となった理由が、日本で当時盛んだったベトナム戦争反対運動に参加したことにあるらしいと知り、「外国人にも表現の自由がある」ということを主張して、不許可処分取消を求める裁判を起こしたのだ。

この事件における一九七八(昭和五三)年一〇月四日の判決で最高裁は、一方で、「憲法第三章の諸規定による基本的人権の保障は、権利の性質上日本国民のみをその対象としていると解されるものを除き、わが国に在留する外国人に対しても等しく及ぶものと解すべきであり、政治活動の自由についても、わが国の政治的意思決定又はその実施に影響を及ぼす活動等外国人の地位にかんがみこれを認めることが相当でないと解されるものを除き、その保障が及ぶものと解するのが、相当である」と認めた。権利の性質上日本国民のみを対象としていると解されるもの（＝参政権のような権利）を除いて外国人にも憲法上の人権は等しく保障されるということであり、妥当な考え方だ。

しかし、それに続く判示が問題だった。「しかしながら、……外国人の在留の許否は国の裁量にゆだねられ、わが国に在留する外国人は、憲法上わが国に在留する権利ないし引き続き在留することを要求することができる権利を保障されているものではなく、……したがって、外国人に対する憲法の基本的人権の保障は、右のような外国人在留制度のわく内で与えられているにすぎないものと解するのが相当であって、在留の許否を決する国の裁量を拘束するまでの保障、すなわち、在留期間中の憲法の基本的人権の保障を受ける行為を在留期間の更新の際に消極的な事情としてしんしゃくされないことまでの保障が与えられているものと解することはできない」。つまり、外国人にも原則として憲法上の人権は保障されているが、そもそも外国人は入管法に基づいて在留を認められているにすぎず、人権を行使したことが、在留許可を更新されない理由にされるとしてもやむを得ない、というのだ。
「人権はあるが、それを行使したら後でどうなるかは知らない」というのは、実質的な人権保障とは言えない。にもかかわらず、最高裁がこのように述べた結果、まるで憲法上の人権保障も入管法の枠内にあるかのような理解を広めることになってしまった。

「管轄下にあるすべての人」への人権保障

マクリーン事件判決は、このように、憲法上の人権の実質的な保障という点で疑問なのだが、国際人権基準の観点から決定的に重要なことは、この翌年の一九七九年、日本が国際人権規約を批准したことだ。

国際人権規約のうち、マクリーンさんが問題とした表現の自由は自由権規約に含まれているが、自由権規約は二条一項で、締約国は、「その領域内にあり、かつ、その管轄の下にあるすべての個人に対し、……いかなる差別もなしに、この規約において認められる権利を尊重し及び確保する」ことを義務づけている。日本の「領域内にあり、かつ、その管轄下にある」個人はすべて、外国人も含めて、自由権規約の人権保障の対象なのだ。外国人が、入管法違反の不法残留などの状態にあるかどうかも、自由権規約の適用いかんには関係ない。国の「管轄下」

にある限り、在留資格のない外国人も当然に人権保障の対象となる。そして、条約である自由権規約は、一法律にすぎない入管法に優越する。よって、少なくとも一九七九年に日本が自由権規約を批准して以降は、日本の管轄下にあるすべての人の人権について、自由権規約に照らした検討がされなければならないのだ。

自由権規約は、入管収容に関連する人権規定を多く含んでいる。まず、「何人も、拷問又は残虐な、非人道的なもしくは品位を傷つける取扱いもしくは刑罰を受けない」とした七条がある。加えて、自由を奪われた状態の人については、「自由を奪われたすべての者は、人道的にかつ人間の固有の尊厳を尊重して、取り扱われる」とした一〇条一項がある。自由権規約委員会は一〇条に関する一般的意見二一で、一項は刑務所や精神病院、拘置施設など、国の法律の下で自由を剝奪されているすべての人に適用されるとしており、入管収容施設での収容も当然これに入る。ユーチューブで公開されているデニズさんのケースなどは、果たして、「人道的にかつ人間の固有の尊厳を尊重し」た取扱いと言えるだろうか。「残虐な、非人道的なもしくは品位を傷つける取扱い」、さらには拷問に当たらないだろうか。

また、七条にいう「品位を傷つける取扱い」は、人に屈辱感を与える行為も禁じたものとみることができるが、日本では例えば、入管施設の被収容者が、診察のため外部の病院に連れていかれる際に、手錠や捕縄《ほじょう》(腰縄)をしたままで連れていかれたという事案が、日弁連の人権救済申立手続にかけられ、日弁連が人権救済の勧告を出したこともある(二〇一四年)。手錠や捕縄をつけたままで被収容者を病院に連れて行き、待合室で人の目にさらすようなやり方は、明らかに、自由権規約七条に反する「品位を傷つける取扱い」ではないだろうか。

また、自由権規約は九条一項で、「すべての者は、身体の自由及び安全についての権利を有する。何人も、恣意的に逮捕され又は抑留されない」として、恣意的な抑留を受けない権利を保障している。ここで「抑留」と訳されているのは、英語正文では detention。日本語では「抑留」「拘禁」「収容」などと訳され、言葉のニュアンスがあるが(「抑留」は、「拘禁」よりは短期間の身体拘束の意味合いがある)、detention が意味するのは要するに身体の拘束だ(なお、国連の人権条約は国連の公用語六つないし五つを正文としている。日本が批准するときに日本政府公定訳が作られるが、日本が拘束されるのは正文であって、日本語訳ではない)。

入管法に基づく収容は、入管法違反の人すべてが対象とされ、逃亡の恐れがあるなど収容の具体的な必要性がなくてもなされているが、必要性を問わない全件収容は、恣意的抑留(収容)にあたる恐れが強い。九条四項は、「逮捕又は抑留によって自由を奪われた者は、裁判所がその抑留が合法的であるかどうかを遅滞なく決定すること及びその抑留が合法的でない場合にはその釈放を命ずることができるように、裁判所において手続をとる権利を有する」とし、抑留された人がその合法性について裁判所による司法審査を受ける権利を定めているが、日本の入管収容にはそのような手続もない。

入管法上、保証金を納めて一時的に収容を解かれる「仮放免」という制度はあるが、書類審査のみで、本人からの聴聞手続などはなく、仮放免が許可される基準も不明だ。許可が下りる率は低く、例年八割以上が不許可になっている。不許可になっても、その理由は入管側からは一切明らかにされない。わずか二週間の仮放免が認められただけで、すぐに再収容されるケースも相次いでいる。

自由権規約委員会は第六回の日本政府報告書審査後の「総括所見」(二〇一四年)で、「十分な理由を示すことなく、また収容決定にかかる独立した審査もない中での長期にわたる行政収容があることを懸念する」とし、「収容が最短の期間であり、代替手段が十分に検討された場合にのみ行われることを確保し、また被収容者が収容の合法性を決定しうる裁判所で訴訟手続をとれるよう確保するための措置を取るべきである」と述べている。

日本は個人通報制度に入っていないが、自由権規約の個人通報制度に入っている国についての通報事案では、入管収容について自由権規約委員会が見解を示したものが多くある。委員会の先例法理によれば、収容は、締約国が適切な正当化事由を提供できる期間を超えて継続されるべきではない。例えば、シャムスほか対オーストラリア事件(通報番号一二五五／二〇〇四、見解採択二〇〇七年)では、三年から四年にわたるほどの長期間の入管収容を行うことが必要だったという正当化事由を当事国は示しておらず、同じ目的を達成する、より人権侵害的でない手段がなかったということを示さなかったとして、当事国オーストラリアの九条一項違反を認定している。また、九条四項についても、オーストラリアの国内裁判所は収容の合法性について判断し釈放を命じる権限はもっていなかったとして、違反を認定している。

その他の人権条約も、国の管轄下にある人の人権保障を定めている点では同様だ。拷問等禁止条約は、「拷問」、及び「他の残虐な、非人道的な又は品位を傷つける取扱い又は刑罰」について、実効的な防止と救済を締約国に義務づけている。拷問等禁止条約一条で定義されている「拷問(torture)」とは、①「身体的なものであるか精神的なものであるかを問わず、人に重い苦痛を与える行為」であって、②「本人もしくは第三者から情報や自白を得ること、本人もしくは第三者が行ったかもしくはその疑いがある行為について本人を罰すること、本人もしくは第三者を脅迫もしくは強要すること」を目的として、又は何らかの差別に基づく理由によって、かつ③「公務員その他の公的資格で行動する者により又はその扇動によりもしくはその同意もしくは黙認の下に行われるもの」を言い、公務員の関与が要件となっている。入管収容施設の職員は当然ながら公務員だから、職員により又はその扇動によりもしくは同意もしくは黙認の下で、上記の目的又は「外国人だから」というような差別的理由で人に重い苦痛を与える行為は、ここにいう拷問に当たりうる。

締約国は、自国の管轄下にある領域内で拷問にあたる行為が行われることを防止するため、立法上、行政上、司法上その他の実効的な措置を取る義務を負い、拷問には至らない、他の残虐な、非人道的な又は品位を傷つける取扱い又は刑罰(総じて「虐待(ill-treatment)」とも言われる)であって、公務員その他の公的資格で行動する者により又はその扇動によりもしくはその同意もしくは黙認の下に行われるものについても、防止する義務を負っている(一六条)。また、拷問及び虐待のいずれについても、それを受けたと主張する者が権限のある当局に中立を行う権利を確保しなければならない(一三条。拷問にあたる行為の被害者に対しては、公正かつ適正な賠償を受ける強制執行可能な権利を自国の法制で確保することも要求される。一四条)。拷問や虐待を防止するために重要なのは、人の身体の取扱いにかかわる公務員に対する教育や訓練であり、拷問等禁止条約は締約国が十分な訓練を行うことを明文で規定している(一〇条)。

こうした人権条約を日本が批准(ないし加入)して以降も、「外国人の人権は外国人在留制度の枠内で認められるにすぎない」というマクリーン事件最高裁判決の論理がまかり通っているのは全くおかしいのだ。

難民条約との関連

日本で行われている入管収容は、難民条約の観点から見ても問題がある。

日本も加入している難民条約は、人種、宗教、国籍、特定の社会的集団の構成員であること、政治的意見のいずれか(又は複数)を理由として迫害を受ける恐れがあるために、国の保護を受けられないか又は保護を受けることを望まず、国外に逃れている人を「難民」とし、各国がそのような人を難民と認めて受け入れることを定めている条約だ。

他方、難民認定の手続自体は、難民条約の締約国である各国で行われる。しかし、これはその性格上慎重な検討を要し、時間もかかるプロセスだ。申請の審査は、まず、申請者の陳述のほか、申請者が提出する資料を吟味して行われるが、迫害を受けて海外に逃れてきた申請者は、自らの主張を裏づける具体的な資料を十分に持ち合わせていないこともしばしばだ。申請者にとっては言語的、文化的に慣れない環境の中での陳述であり、通訳が入る場合も多い。申請者が、陳述内容のすべてについて証拠を提出できるとは限らず、その場合、認定・不認定処分をする機関（日本では入管。入管法上は、法務大臣）の側でも補充的な調査をする必要がある。入管側も、各国の具体的な政治情勢や治安状況について情報収集を行い、把握した上で、すべての事情を総合的に評価して公正な判断をすることが求められるのだ。

「難民」の定義を各国がどのように解釈・適用するかによっても、実際の難民認定状況には大きな開きが出ている。日本の行政実務では、上記の「難民」の定義にいう「迫害」とは「通常人にとって受忍できない苦痛をもたらす攻撃又は圧迫であって、生命又は身体の自由の侵害になるもの」という非常に狭い考え方がとられており、裁判所もほぼこれに追随している。そのため、例えばミャンマーの少数民族ロヒンギャの人が、強制労働中に軍人に足で蹴られ、倒れて肘を怪我した事実が本人の供述や傷跡から認められても、裁判所は「強制労働中に暴行を受けることが常態であったとまでは認めるに足りず……強制労働自体が……「迫害」に当たる内容、程度の生命又は身体の自由の侵害又は抑圧に当たることとなると認めるには足りない」として難民不認定処分取消の訴えを退ける（東京高裁二〇一二（平成二四）年九月一二日判決）などとしている。これに対し、諸外国では、生命や身体の自由の侵害に匹敵するような重大な人権侵害や、さらにその他の重大な人権侵害についても「迫害」にあたると認められることが多い。

このような法解釈の大きな違いもあり、結果的に日本では、認定される難民の数は例年きわめて少ないのが現状だ(一桁から二桁。これに対し、米、英、仏、独、加などでは万単位だ)。

では、難民申請をしている人は、難民と認定されるまでの間、何の人権保障も受けないのかというと、そうではない。難民条約は、締約国は「難民の移動に対して、必要な制限以外の制限を課してはならない」とし、「難民に対して、他の国への入国許可を得るために妥当な期間の猶予、及びこのために必要なすべての便宜を与える」としている(三一条二項)。これは、国から正式に難民認定を受ける前の人を含めて、難民条約一条にいう難民にあたると考えられる人に適用される規定だ。難民認定という制度自体が、「国が認定することで初めて難民になる」のではなく、「難民だから認定する」という、宣言的な性格のものと考えられているためだ。日本の入管法で、法務大臣が難民認定を行うと定められているのも、ある人が難民かどうかを法務大臣が自由に決められるという意味ではなく、日本で難民認定を行うのは法務大臣だという「機関指定」の趣旨だとされている。

収容施設に収容することは、言うまでもなく、「移動の自由」の制限の最たるものだ。つまり、難民条約にいう難民にあたる人を収容してしまうことは、難民条約三一条二項に反する。難民は、複数の国で受け入れられる可能性があるから、難民条約も「難民に対して、他の国への入国許可を得るために妥当な期間の猶予、及びこのために必要なすべての便宜を与える」ことを締約国に義務づけているのだが、収容されてしまうと、そのような可能性を探る道も閉ざされてしまいかねない。特に、日本の入管収容施設では、弁護士との面会も、アクリル板越しに短時間しかできないし、電話は公衆電話からかけられるけれども受けることはできない、携帯電話やスマホはもちろんパソコンも使えないなど、外部との連絡や情報収集の手段がほとんどない（これに対し、例えばイギリスの入管収容施設には、図書室やパソコン室があり、今後の生活のために英会話教室なども開かれている）。被収容者は、難民にあたる可能性がある人であっても、在留資格がないというだけでひたすら身体を拘束され、その間、他国での受け入れの可能性を探るための有益な活動なども一切できないのだ。

実際、アフガニスタン出身の難民申請者が起こした裁判で、裁判所が、難民にあたる可能性がある人を一律に収容してしまうことは、難民条約三一条二項に反する、ということをはっきり指摘した裁判例がある。二〇〇一（平成一三）年一一月六日の決定で東京地裁は、日本が難民条約に入って国内でも法的に効力をもっていることからすれば、主任審査官が収容令書を出す際には、その人が入管法に反しているかどうかだけではなく、難民にあたる可能性があるかを検討し、その可能性がある場合には、移動の制限をする必要があるかどうかを検討すべきで、「難民に該当する可能性があるものについて、不法入国や不法滞在に該当すると疑うに足りる相当な理由があることのみをもって、収容令書を発付し、収容を行うことは、難民条約三一条二項に違反する」としたのだ。同様の裁判例が相次いだことから、二〇〇四年の入管法改正では、難民申請者で一定の条件を満たす人については「仮滞在許可」を出し、その期間中は退去強制手続を停止する制度が導入された。しかし、仮滞在許可が出る率は実際にはとても低く、大多数の人は、従来と同様に収容されてしまっているのが現状だ。

裁判を受ける権利の侵害

憲法三二条は「何人も、裁判所において裁判を受ける権利を奪はれない」と規定しており、この権利は当然に外国人にも保障されると考えられている。また、自由権規約は一四条一項で「すべての者は、その刑事上の罪の決定又は民事上の権利及び義務の争いについての決定のため、法律で設定された、権限のある、独立のかつ公平な裁判所による公正な公開審理を受ける権利を有する」として、公正な裁判を受ける権利を保障している。

日本の退去強制手続は、このように憲法上も人権条約上も保障されている裁判を受ける権利の観点からも問題がある。難民認定申請者は、不認定処分に異議申立をすることができ、異議申立も棄却された場合には、不認定処分の取消を求めて裁判を起こせることになっている。日本の難民認定率は非常に低く、他国では認められるようなケースも多くが不認定になっているから、裁判で争いたいと考える人がいるのは当然だし、その手続は保障しなければならない。しかし、現実には、異議申立棄却を告知されたばかりの者に対して、すぐに退去強制令書を執行し、日本政府が手配したチャーター便で一斉に本国へ強制送還するような措置が取られているのだ。

強制送還されてしまえば、難民不認定処分を争う取消訴訟を起こしても、裁判を行うだけの利益はなくなったとして、訴えは却下されてしまう。難民認定申請をしていたスリランカ人の男性が、二〇一四年、異議申立棄却の決定を告げられ、不服があれば六カ月以内に取消訴訟ができることも告げられて、弁護士に電話をかけることが許されたものの、その時間が三〇分しか与えられず、電話がつながらなかったため入管職員に携帯電話を取り上げられ、その翌日にチャーター機で強制送還させられた事件では、この男性は裁判を受ける権利を侵害されたとして訴訟を起こしている（「異議申し立て棄却の翌日に強制送還、裁判できず……スリランカ人が国を提訴」https://www.bengo4.com/c_16/n_6829/）。三〇分電話がつながらないことなどは日常生活でいくらでもありうることで、弁護士に電話する時間を三〇分間与えたというだけでは、到底、裁判を受ける権利を実質的に保障したとは言えない。このようなやり方は、憲法三二条に反する

(指宿昭一「チャーター機による一斉強制送還の問題」『時の法令』二〇三九号、二〇一七年)だけでなく、自由権規約一四条一項にも違反している(近藤敦「人間の尊厳と日本における難民申請者の裁判を受ける権利」『憲法研究』第三号、二〇一八年)。

外国人にも家族生活の保護を受ける権利がある

現在の国際法の枠組みでは、一国の国民は自国に戻る権利があるのに対し、外国人は、許可を取った上で入国し在留することが認められる(短期間の観光などについて入国査証を相互に免除する協定があるのは前述の通り。また、付言すれば、自由権規約一二条四項は「何人も、自国に戻る権利を恣意的に奪われない」と規定しているところ、自由権規約委員会は、ここでいう「自国」とは永住者にとっての永住国を含むと解釈している)。日本では、出入国について規律した国内法が入管法だ。

しかし、不法入国や不法残留の状態にある外国人でも、日本で何の人権保障も受けないということではない。すでに述べた、拷問や虐待を受けない権利などの他にも、例えば自由権規約は二三条一項で、「家族は、社会の自然かつ基礎的な単位であり、社会及び国による保護を受ける権利を有する」と規定している。入管法違反があったとしても、それによってその人の生活実態がまるごと違法になり何の法的保護も受けないわけではなく、日本で家族を築いている場合には、家族に対して国の保護を受ける権利があるのだ。また、子どもがいれば、子どもの権利への配慮も必要だ。子どもの権利条約は三条一項で「子どもに関するすべての措置をとるにあたっては、公的もしくは私的な社会福祉施設、裁判所、行政当局又は立法機関のいずれによって行われるものであっても、子どもの最善の利益(the best interests of the child)が主として考慮されるものとする」として「子どもの最善の利益」原則を規定しており、子どもにとって何がベストかを主に考慮するというこの一般原則は、入管手続にも当然適用されなければならない。

退去強制の対象になっている家族について、そのような検討を、個別具体的に行うことが必要だ。在留資格がない外国人でも、法務大臣は、事情により日本での在留を特別に認めることができる、「在留特別許可」という制度がある。出入国在留管理庁側は、日本に家族がおり、家族生活の実態がある(在留資格を得るための偽装結婚などでない)人については、家族の保護、及び、子どもがいれば子どもの最善の利益の観点から、個別事案ごとに慎重に検討することが求められる。

裁判例でも、例えば、子ども二人を含むイラン人家族四名が起こした退去強制令書発付処分取消等請求訴訟での判決で、東京地裁は二〇〇三(平成一五)年九月一九日、日本人と密接な身分関係を有するなど日本社会との深いつながりをもつ場合で、入管法違反以外の法令に違反していない外国人は、実務的にも、在留特別許可を与える際の有利な基準になっていることに言及している。そして、この家族には特に、二歳のときに来日し、一〇年以上を日本で過ごした長女がいたところ、その子がイランに帰った場合の適応の困難さは「子どもの権利条約三条の内容に鑑みれば……退去強制令書の発付にあたり重視されるべき事情」と認めた。結論として、「原告ら家族が受ける著しい不利益との比較衡量において、本件処分により達成される利益は決して大きいものではないというべきであり、本件各退去強制令書発付処分は、比例原則に反した違法なものというべきである」としたのである。このような丁寧な検討が、個々の家族の実態をふまえてなされることが必要だ。

【コラム　技能実習生の人権】

本章では在留資格のない外国人の人権問題について述べたが、在留資格を得て在留している外国人の人権状況にも酷いものがある。近年特に顕在化しているのが、技能実習生の人権状況だ。

技能実習制度は、日本が従来、外国人の単純労働は受け入れないという政策をとってきた中、国際協力として、発展途上国から一定期間に限り（最長五年）外国人を受け入れて技能を習得させ本国への技術移転を図るための制度として、一九九三年に導入されたものである。職種は、農業、漁業、建設、食品製造、繊維・衣服、機械・金属など八〇職種。これにより、ベトナム、中国などから毎年多数の技能実習生が来日し、その数は二〇一八年末時点で約三三万人に及んでいる。

しかし、現実には、単純労働にばかり従事させられ何の技能も身につけられなかった、対象業務と異なる内容の仕事をさせられた、賃金や残業代がまともに支払われなかったなどのケースが相次いでおり、国際協力という名目とは裏腹に、企業が労働力不足を安価に補うための抜け道になっている面が大きい。パスポートを取り上げられた、ケガをしたら帰国しろと言われた、妊娠したら中絶か帰国かどちらか選べと言われたなど、外国人という立場の弱さに付け込んだ違法行為も多い。

人手不足に悩む経済界の要望を受け、二〇一八年一一月には、外国人労働者の受け入れを拡大する入管法改正案が国会で審議されたが、その際に行われた実習生からの聴き取り調査では、

「除染作業強制」「残業代300円」

外国人実習生 窮状訴え

野党聞き取り

入管法改正案「拙速」批判強く

長時間労働を強いられた中国人女性の訴え（東京新聞 2018 年 11 月 9 日）

岩手県の建設会社で鉄筋型枠の技術を学ぶはずが、福島県内で四〇〇日間原発事故後の除染作業に従事させられたベトナム人実習生の男性や、縫製工場で一日一六時間の長時間労働を強いられ残業代は一時間三〇〇円だったという中国人女性らが切実な訴えを吐露した（上の新聞記事）。実習生は途中で受け入れ先を変えることはできないため、当たった経営者が悪ければ奴隷労働のような労働を強いられることになりうるのだ（その実態を明らかにしたルポルタージュとして、巣内尚子『奴隷労働――ベトナム人技能実習生の実態』花伝社、二〇一九年参照）。

日本の国内法上も、最低賃金を下回る賃金や契約違反の賃金、残業代の不払い、労働災害の手続を認めないことなどはいずれも労働基準関係法令（最低賃金法、労働基準法、労働安全衛生法など）の違反だし、妊娠や出産を理由に解雇することは男女雇用機会均等法違反だ。国際人権基準では、公正な賃金、安全で健康的な作業条件などが確保された労働条件を享受する権利（社会権規約七条）は外国人にも当然認められ、国はいかなる差別もなく権利を保障する義務を負っている(同二条二項)。また、労働基準法は強制労働を禁じ(五条「使用者は、暴行、脅迫、監禁その他精神又は身体の自由を不当に拘束する手段によって、労働者の意思に反して労働を強制してはならない」)、自由権規約も「何人も、強制労働に服することを要求されない」(八条三項)としているが、技能実習生が、拒否できない状態で労働を強いられるのであれば、それは強制労働にあたるし、さらに、場合によっては自由権規約の禁ずる「隷属状態」にもあたりうる。自由権規約は八条で「何人も、奴隷の状態(slavery)に置かれない」(一項)、「何人も、隷属状態(servitude)に置かれない」(二項)と規定している。法的に言って、「奴隷の状態」は、人が物として売り買いされる場合のような、人についての所有権に伴う権能が他の人によって行使される状態を言う一方、「隷属状態」はより広く、人が人身の自由を否定され他の人に支配されている状態を指し、債務のために使用者に拘束され搾取される労働者の状況などにもあてはまると考えられているからだ。

「人権を侵害しているのは私企業だ」ということは、言い訳にはならない。自由権規約は、国の「管轄下にあるすべての人」に規約上の人権を確保することを締約国に義務づけている(社会権規約も、国の管轄下にあるすべての人の人権について定めている点で同様だ。発展途上国のみ、経済的権利をどの程度外国人に保障するか決定できるとされている(二条三項)にとどまる。当然ながら日本は二条三項を援用できない)。よって、人権侵害を行っているのが公権力以外の私人である場合

(使用者による労働者の人権侵害はその典型だ)でも、国は、自国の法制度を通して、個人の人権を保護しなければならないのだ。国は単に人権を自ら「侵害しない」というだけでなく、第三者による侵害からも人権を守る積極的な保護義務を負うということは、国際人権法では広く認められた、確立した考え方だ。

技能実習制度の場合、企業が単独で受け入れる形はわずかで、協同組合などの管理団体を通じて受け入れる団体管理型がほとんどだが、「国際人材協力機構」という内閣府所管の公益財団法人が、主務大臣からの告示を受けた養成講習機関として、実習生の受け入れの支援や、監理団体の責任者や実習実施者の技能実習責任者などに対する養成講習を実施している。実習を行っている各事業所は当然、労働基準監督署による監督指導の対象にもなっている。

しかし、厚生労働省の調べでは、例年、監督指導を実施した実習実施事業者のうち、七割以上が労働基準関係法令違反をしている。二〇一八年では、七三三四事業場のうち七〇・四%で、主な違反事項は労働時間、安全基準、割増賃金の支払いの順。重大・悪質な違反により送検した事案も一九件あった(厚生労働省「外国人技能実習生の実習実施者に対する平成三〇年の監督指導、送検等の状況を公表します」https://www.mhlw.go.jp/stf/newpage_06106.html)。

自由権規約委員会はすでに第五回の日本政府報告書審査後の総括所見(二〇〇八年)でも技能実習制度の問題を取り上げていたが、第六回の報告書審査後の総括所見(二〇一四年)でも、「主な懸念事項及び勧告」の一つに引き続き「技能実習制度(technical intern training programme)」を挙げ、技能実習生にも労働法令が適用されるようになったなど改善点はあるものの、「性的虐待や、労働関連の死亡、強制労働にあたりうる労働条件についての報告がなお多数ある」ことに懸念があるとしている(一六項)。

二〇一八年一二月に成立した改正入管法は、その審議過程で上述のように技能実習生のおかれた深刻な現状が次々と明らかになっていながら、十分な検討もしないまま、「特定技能」という新たな在留資格を設けて外国人労働者の受け入れを拡大することを決めた、非常に問題のあるものだ。

法務省によると、二〇一二年から二〇一八年六月までの六年半で技能実習生三万二六四七人が失踪したが、その後所在をつかむことができた二八七〇人から法務省が行った聴き取り調査(二〇一七年)について、法務大臣は当初、二〇一八年一一月七日の国会答弁で、八七%が「より高い賃金を求めて」失踪したとしていた。しかし、失踪した実習生の時給で最も多かったのは、時給五〇〇円台というものだった(「失踪者　時給五〇〇円台最多」東京新聞二〇一八年一一月二二日)。縫製をしていたベトナム人女性の聴取票では「一週間あたり一三〇時間」働いたという記載もあったが、これは、休みなく連日一九時間近くの労働にあたる。このような実態が記載されているにもかかわらず、政府・与党は聴取票の「閲覧」しか認めず、プライバシーに配慮するという理由でコピーを認めなかったために、野党議員が手分けして、手書きで書き写すという事態になり、一週間以上かけて全員分の書き写しが終わったのは一二月三日だった。その集計結果では、「低賃金」による失踪が六七％だった(「技能実習生「最賃割れ六七％」野党が「聴取票」集計」日本経済新聞二〇一八年一二月三日)。

法務省はまた、八年間の間に死亡した技能実習生一七四名のリストも明らかにしたが、「病死」や「自殺」の中には不審死や過労死が疑われるケースも多くあり、長時間労働の横行を含む劣悪な労働環境の影響が指摘されている(「外国人実習生ら一七四名の死」東京新聞二〇一八年一二月一八日)。日本に働きに来た健康な若者がこれだけ多数死亡しているというのは異様なことであり、本来、国による徹底した真相解明と再発防止措置が必要なはずだ。

このように、入管法改正時の国会審議の過程は、失踪原因についての不当で誤った評価を法務大臣が国会で答弁する(後で訂正を迫られた)、実習生の人権状況の実態を明らかにする資料の開示を政府・与党が意図的に遅延させ野党の追及を阻もうとする、といった異常なものだった。にもかかわらず、入管法改正案はわずか五日後の一二月八日、与党の強行採決で成立してしまったのだ。ここまで重大な手続的瑕疵《かし》のある立法措置(法律の制定や改廃)は、憲法や国際人権法で認められた人権の観点から見て、国会に与えられた立法裁量を逸脱ないし濫用するものとも考えられる。憲法上与えられた国会の立法裁量にも、憲法で保障された人権の観点からの制約があるが、人権条約は締約国が立法・行政措置や司法救済などを通して条約上の権利を実現することを義務づけており、その意味で立法府も、人権条約上の人権を実現する責任を課されているからだ。

改正入管法(二〇一九年四月施行)は、在留資格に「特定技能一号」「特定技能二号」を追加して、特定産業分野(介護、ビル清掃、建設、自動車整備、宿泊、農業、漁業、食品製造業、外食業など)に属する「相当程度の知識又は経験を必要とする技能を要する業務に従事する外国人」(一号)、「熟練した技能を要する業務に従事する外国人」(二号)向けの在留資格を設けた。従来の技能実習生は最長五年までの在留期間だが、特定技能一号(在留期間の上限五年)を取得すれば、合わせて一〇年までの在留が可能になる。特定技能二号の場合在留期間更新に上限はなく、家族(配偶者と子ども)の帯同も可能とされた。

この法改正は結局のところ、従来認めないとしてきた単純労働を認めたものだが、これにより、これまで多数の技能実習生が受けてきたような人権侵害のケースがいっそう増えることが懸念される。公的機関による実効的な監視と人権保護が不可欠だ。また、外国人労働者を受け入れ、家族の帯同も認める以上(日本で婚姻するなどして家族を形成する場合もあるだろう)、教育を受ける権利をはじめ、子どもの権利を確保する施策も欠かせない。文部科学省が初めて行った全国調査の結果では、日本に住む義務教育相当年齢の外国籍児一二万四〇四九人のうち二万人近くが、国公私立校や外国人学校などどの学校にも在籍していない不就学の可能性があることが判明しており(「外国籍児一万九千人が不就学か　文科省、初の全国調査」日本経済新聞二〇一九年九月二七日 https://www.nikkei.com/article/DGXMZO50308100X20C19A9CR8000/)、そのような面での対応は全く追いついていない。「労働力」でなく「人」が来るのだということ、そしてそれらの外国人も日本の管轄下にある人として日本が国際人権基準を守る義務を負うことになるのだということをふまえて、子どもの権利も含め、人権保障の体制を整えていく必要がある。

【コラム　国際人権法の誕生とその背景】

人権保障はまず国内で始まった

人が生まれながらにして平等に有する権利、という人権の理念は、もともと、一八世紀の市民革命期に、アメリカ独立宣言やフランス人権宣言で掲げられたものだ。

イギリスの植民地だったアメリカでは、イギリス本国の議会に代表を送ることができないにもかかわらず、イギリスで決められた税金が一方的に課されることに対しての不満が渦巻いていた。そのようなイギリスによる支配から脱して独立することを述べた一七七六年のアメリカ独立宣言の中で、すべての人は平等であり、奪うことのできない権利として生命や自由に対する権利、幸福を追求する権利があるということ（この幸福追求権の考えは、その後日本国憲法にも取り入れられている）、政府というものはこれらの権利を確保するためにこそ存在し、政府の権力の正当性は被治者（統治される人々）の同意に由来するものだということを謳った。

フランスでは、旧体制（アンシァン・レジーム）とよばれる絶対王政・封建制・身分制社会で、貴族や聖職者は税金免除などの特権を与えられる一方、人口の大部分を占める平民が重い税金や領主への貢ぎ物を負わされ、生まれながらの差別に苦しんでいた。その怒りが一七八九年にフランス革命として勃発し、国民議会は、人及び市民の権利宣言（フランス人権宣言）で、人は平等な権利をもって生まれてくること、政府を作る目的は自由、所有、安全といった人の自然的な諸権利を守ることにあるということを宣言したのだ。

この二つの宣言は、時期的に近いことからも分かるように、カント、ロック、ヴォルテール、モンテスキュー、ルソーらに代表される当時のヨーロッパの啓蒙思想（すべての人間には理性が備わっており、合理的・批判的な精神を啓発することで人間社会を改善することができるとする考え方）を共通の思想的基盤とし、また、成立までの過程で相互に影響を与え合っている。どちらの宣言も、①人間はみな生まれながらにして平等に権利をもつ存在であること（自然権としての人権）、

②そのような人権があることを前提にして、それをより良く守るために政府が作られること(社会契約の考え)、という二つのことを述べている点で内容的に共通している。

このような人権の理念は、その後多くの国で憲法の中に盛り込まれるようになり、各国では一九世紀以降、人権保障を柱とした立憲主義が根付くようになる(憲法に則って国を統治するという意味の立憲主義であれば一三世紀のイギリスのマグナ・カルタにその起源を遡れるが、人権保障を盛り込んだ立憲主義という意味で「近代立憲主義」といわれる)。また、市民革命期の頃の人権は国家からの自由に主眼があったのに対し、一九世紀末以降は、労働者の権利や社会保障の権利、教育を受ける権利など、社会権といわれる権利が徐々に認められるようになり、人権保障に関する国家の役割も変容していった(「夜警国家から福祉国家へ」)。

国際社会に人権が登場するのは二〇世紀半ば

他方で、国際社会に人権保障が登場するのは、第二次世界大戦後の一九四五年に国連が創設されてからのことだ。

国際社会の特徴は、「主権国家の横並び社会」であることだ。国家は、意思に反して外部の権力に従属しない、独立した存在だ(対外的な「独立権」としての主権)。そして、自国の領土やそこにいる人に対して、法律を作り適用するなどして統治する権限をもっている(対内的な「統治権」としての主権)。このような枠組みの中では、人権保障は、各国が国内的な統治において憲法上負う義務にすぎないとみなされ、国際法上の問題とは考えられてこなかった。伝統的には、国際法は原則として国家間関係を規律する法だから、人権保障のような「国内問題」には立ち入らないとされてきたのだ。

国境を越えた人の行き来が増えるに伴い、国内での人の取扱いが国際法上の問題として取り上げられることはあった。欧米の国民が宣教や通商などのために世界進出するようになった一九世紀後半には、外国人が在留国で不当な扱い(身体や財産への損害に対して法的保護が与えられないなど)を受けた場合に、外国人の本国が在留国に対して賠償を求めるなどの措置を取ることができるという「外交的保護」の制度が広く認められるようになった(この制度は今でもある。特に条約を結んでいなくても、慣習国際法上認められている制度だ。その根拠は、領域内ではその国だけが統治権をもっているのだから、外国人を含め、人の扱いについてはその国が責任をもつべきだということだ)。

また、例えば第一次世界大戦後には、オーストリア＝ハンガリー帝国やオスマントルコ帝国が崩壊して国境線の大きな変更があったことを受けて、戦後、オーストリアやハンガリー、ブルガリア、トルコ、また、新たに誕生した国や領土を拡張した国(ポーランド、チェコスロバキア、ギリシャ、ルーマニア、ユーゴスラビア)は、戦勝国と結んだ条約の中で、すべての住民が宗教や信念の自由を保障されることや、宗教的・言語的マイノリティが学校を設置したり自分たちの言語を使用したりする権利を保障されることなどを約束した。これは、条約で、国家に対して一定の人権の保護が義務づけられた例だ。しかし、これは、一部の国だけに義務を課すものだったために、義務を課された国の側では不公平感が高まり、次々と廃棄されて、結局は短期間で瓦解してしまった。

このように、伝統的な国際法では、特別に条約を結んで取り決めをしているのでない限り、人権保障は基本的に各国の国内問題だった。わずかに、外国人が不当な扱いを受けたという場合に、本国が在留国に対してクレームをつけられる制度(外交的保護)があるだけだった。

これは、裏を返せば、伝統的な国際法では、国家が自国民をどう扱うかは、条約で別途の取り決めをしたのでない限り、完全な「国内問題」だったということだ。

第二次世界大戦の経験

そのような国際法のあり方が大きく変わることになったのが、第二次世界大戦の経験だ。

もとより、国内レベルで人権が本当にきちんと保障されていたなら、人権保障が国際法の問題になる必要はなかっただろう。言い換えれば、人権保障が国際化することになったのは、憲法による人権保障があっても、独裁政権の誕生などによってそれが機能しないことがあるという経験、また、そのような政権が無謀な戦争を起こし国際平和を乱したという経験によるものだ。

ヨーロッパでは、第一次世界大戦に負けて莫大な賠償金を課され一九二九年の世界恐慌でいっそう逼迫したドイツで、一九三〇年代、ヒトラーが率いる国家社会主義ドイツ労働者党（ナチス）が台頭する。ヒトラーは失業率を下げて国民にパンを与えることを掲げ、一九三三年に首相の座についてからは、アウトバーン（高速道路）建設のような公共事業で国民の人気を得た。兵役や、ナチ突撃隊（政敵に対する暴力的な威嚇を行う団体）の隊員になることも、職のない若者にとっては貴重な仕事だった。

他方でヒトラーは、憲法の規定を悪用して、自らの独裁的な権限を強めていく。当時のドイツのワイマール憲法は、充実した人権規定をもつ立派な憲法だったが、大統領がラント（地方政府）の権限を取り上げることや憲法上の人権を停止することを可能にする緊急事態条項を含んでいた。

ヒトラーは、国会議事堂が炎上した事件を口実に、大統領を説得して大統領緊急令を発令させ、言論や報道、集会の自由などの憲法上の人権を停止する。これによって、令状なしに家宅捜索をしたり、適正な法的手続なしに財産を没収したりすることができるようになった。さらにヒトラーは、首相は国会の三分の二の賛成を得て議会の立法権を暫定的に首相に委ねることができるとする憲法の規定を使って、全権委任法を国会で通過させる。そして、自ら「総統」と名乗り、ユダヤ人を公立学校の教員などの公職から追放する法律、ユダヤ人から市民権を剝奪する法律などを次々と発布して、ゲットーへの隔離や強制収容所への収容・強制労働を行わせる。ヒトラーは一九二五年の著書『わが闘争』で「最も価値のある人種だけを保存し……ドイツ民族を支配民族とすることは……ドイツ民族の神聖なる使命である」、「だが支配民族は、劣等民族によって純潔を汚され、堕落させられ、滅亡させられる恐れがある」などと著述していた人種差別主義者で、権力を握るやその思想を実践に移したのだ。

一九三九年のポーランド侵攻による開戦後は、ナチスドイツはポーランド、オランダ、ベルギー、フランスなど、占領した各地でユダヤ人を徴集しては鉄道で強制収容所に送り込んだ。一九四二年のヴァンゼー会議で「ユダヤ人問題の最終的解決」すなわちヨーロッパ中のユダヤ人の絶滅計画を決定してからは、アウシュヴィッツ、トレブリンカなど絶滅収容所のガス室での大量殺戮を実行していく。六〇〇万人と推計されるユダヤ人だけでなく、ナチスに反対する者、ナチスが好ましくない存在とみなした身体障害者や精神障害者、同性愛者なども多数殺害された。

第二次世界大戦は、ヨーロッパ・アフリカ戦線ではドイツとイタリア、アジア戦線では日本が起こし、それに対して英米仏ソなどの連合国が対峙した戦争だ。連合国首脳は、開戦まもない頃すでに、ナチスドイツが行っているユダヤ人迫害の状況をある程度把握していた。そして、一九四一年の「四つの自由」宣言、一九四二年の「連合国宣言」などの形で、この戦争を戦う目的や戦後の世界秩序の構想を打ち出す。「四つの自由」とは、アメリカのルーズベルト大統領が、将来の世界は四つの基本的な自由に基づいて築かれるべきであるとして、言論の自由、信仰の自由、恐怖からの自由、欠乏からの自由を挙げたもので、戦後の国際社会に大きな影響を与えた宣言だ(日本国憲法の前文にもその一部が盛り込まれている)。「連合国宣言」は、二六の「連合国(The United Nations)」が、「敵国に対する完全な勝利が、生命、自由、独立、宗教的自由を擁護するため並びに……人類の権利と正義を保持するために必要である」として、人権を守るための闘いという大義を述べたものだ。

こうして第二次世界大戦を戦った「連合国」が、その後、戦後の国際平和組織である「国際連合(The United Nations)」(「国際連合」「国連」は意訳で、もともと「連合国」と同じ語)を構想することになる。そのような経緯が、国連憲章の中に人権規定を入れることになった由来だ。

ナチスドイツが迫害したユダヤ人の中には、ドイツ国籍であり、ドイツにとっての「自国民」も多く含まれていた。「なぜ私を迫害するのだ、第一次世界大戦をドイツ兵として勇敢に戦って、政府からもらった勲章もある」と言って抗議した人もいたくらいだ。もし、伝統的な国際法の立場を踏襲するなら、「国家が自国民をどう扱おうと、国内問題にすぎない」ということになるかもしれない。しかし、人種差別の思想に基づいてナチスドイツが行った人権蹂躙は、人類の良心からして到底許されることではない、というのが連合国首脳の考えだった。その結果、戦後のニュルンベルク国際軍事裁判では、捕虜の殺害などの「戦争犯罪」とは別に、すべての民間人の絶滅・奴隷化その他の非人道的行為や人種的・宗教的・政治的理由による迫害が「人道に対する罪」として裁かれることになる。また、国連を創設する一九四五年の国連憲章では、人種差別をはじめとするいかなる差別もない人権尊重のために国際協力することが、国連の目的の一つとして盛り込まれることになった。

国連憲章の画期性とNGOの役割

国連の最大の目的は国際平和の維持だが(国連憲章一条一項)、国連憲章は、それだけでなく、そのための友好関係の維持(同二項)、さらには、草の根からの平和作りと言ってもよい、「経済的、社会的、文化的又は人道的性質の国際問題の解決」並びに「人種、性、言語、宗教による差別なくすべての者」の人権尊重の助長・奨励における国際協力も、国連の目的に掲げている(同三項)。また、すでに見たように、国連憲章は総会の目的や経済的、社会的国際協力の目的としても、また加盟国の義務としても、同様の文言で人権について規定している。

先に述べたように、伝統的な国際法では、特別に条約を結んで取り決めをしているのでない限り、人権保障は基本的に各国の国内問題であり、特に、国家が自国民をどう扱うかは完全な「国内問題」だったことを考えれば、国連憲章の人権規定は歴史的な画期性をもつものだ。「すべての者」ということは、一つには、国籍を問わずということを意味し、国家は、外国人にも自国民にも、さらには無国籍の人にも(自国の国籍を取得できる場合についての各国の法律が国によって異なることもあり、どの国の国籍法によっても国籍を取れない人がいる)、人権を認めなければならない。また、「人種」が筆頭に規定されている差別禁止事由(何に基づく差別が禁止されるか)は、言うまでもなく、ナチスドイツによる人種差別がユダヤ人の大量虐殺(ホロコースト)に至ったという戦時中の経験をふまえたものだ。なお、「人種、性、言語、宗教による差別なく」とあるが、この差別禁止事由は例示とみるべきもので、すべての人の人権尊重という国連憲章の大原則からすれば、政治的意見や財産、出生などを含めたいかなる差別も許されないと考えることができる(世界人権宣言二条はそのことを明文化したものと言える)。

他方で、国連憲章の人権規定は、最初からすんなりと今のようになったわけではなかったことも知っておく必要がある。

連合国首脳は確かに人権と民主主義の回復を戦争の大義に掲げたが、国連憲章に人権規定を盛り込むとなれば、それは当然、自国が守るべき人権ということにもなる。しかし、当時、イギリスやフランスはアジアやアフリカに多数の植民地をもつ植民地大国だったし(植民地支配は、植民地の住民を、本国の人間と同等の人権をもたない存在とみなすことで成り立つ体制だ。インドやパキスタンがイギリスから独立したのは一九四七年だし、アフリカ諸国の多くが独立するのはもっと遅く一九六〇年代のことだ)、アメリカも根強い黒人差別の問題を抱えていた(公民権運動が起こるのは一九六〇年前後だ)。そのため、これらの大国はむしろ人権規定の挿入には消極的であり、一九四四年のダンバートン・オークス会議で作られた当初の国連憲章草案では、人権の規定はわずかに一カ所、国連は人権尊重を促進するという内容の規定があるだけだった。

これに対して、国連憲章を採択した一九四五年のサンフランシスコ会議では、人権の国際的保障に強い関心を寄せていたラテンアメリカ諸国が、憲章草案の人権規定の強化に対して積極的な立場をとった。また、アメリカ政府は、議会の反対を受けて批准を断念した国際連盟規約の二の舞を避けるために、サンフランシスコ会議での政府代表団の顧問として、人種差別撤廃、女性の権利、宗教の自由、教育についての権利などさまざまな分野で活動する四二の民間団体(NGO)の代表を招請していたが、これらの団体は同会議で、憲章の人権規定を大幅に拡充すべきことについて政府に強く働きかけた。人権尊重のための国際協力が国連の目的の一つであること、経済社会理事会の下に人権委員会を設置することなどを定めた現行の国連憲章の人権規定は、こうして導入されるに至ったのである。

人権の国際的保障の出発点となった国連憲章の規定が、このように、NGOの貢献によって現在の形になったことは、国際法による人権保障の可能性を考えるうえで象徴的な事実だ。主権国家の横並び社会である国際社会で、国に対して人権の保障に真剣に取り組ませるには、政府に任せきりにせず、一般市民の声を常に反映させていくことが不可欠なのだ。人権条約の報告制度や、国連人権理事会の普遍的定期審査などで、各国の人権状況を検討する際に、政府の報告書だけでは意味のある審査を行うことはできず、NGOの出す情報が欠かせないことも、その理を雄弁に物語っている。

第 2 章

人種差別・ヘイトスピーチ

――差別を「禁止」する法の役割――

ヘイトスピーチ指弾

差別と認定 賠償・禁止命令

京都地裁判決

規制か表現の自由か 難問

在特会「活動続ける」

ヘイトスピーチを巡る主な動き

京都朝鮮学校事件民事訴訟第一審判決を報じる報道(朝日新聞 2013 年 10 月 8 日)

公然たる人種差別とそれに基づく虐殺が行われた第二次世界大戦時の経験を経て発足した国連は、人種差別を含め差別のないすべての人の人権尊重を目的の一つとし、その観点から南アのアパルトヘイト撤廃にも長年取り組んできたことにふれた。その後も、人種差別との闘いは国際人権の取り組みの最重要課題の一つだ。しかし、この分野での日本の取り組みは非常に遅れている。

社会生活における人種差別を禁止する法律がない日本

日本国憲法は、「すべて国民は、法の下に平等であつて、人種、信条、性別、社会的身分又は門地により、政治的、経済的又は社会的関係において、差別されない」と規定している(一四条一項)。条文には「すべて国民は」とあるが、憲法の人権規定は、性質上日本国民を対象とすると考えられるものを除き外国人にも等しく適用されると解されているから、これは「すべての者は」と読み替えてよい。

このように、憲法では、何人も人種差別を受けないことが定められているのだが、実際問題としてしばしば問題になるのは、日本では、法律のレベルで、人種差別が禁じられることを明文で規定したものがないに等しいことだ（例えば、旅館業法は、営業者は次の場合を除いて宿泊を拒んではならない、として、「一　宿泊しようとする者が伝染性の疾病にかかっていると明らかに認められるとき。二　宿泊しようとする者がとばく、その他の違法行為又は風紀を乱す行為をする虞があると認められるとき。三　宿泊施設に余裕がないときその他都道府県が条例で定める事由があるとき。」（五条）としており、人種を理由とした宿泊拒否は認められないと解されるが、明文で人種差別を禁じたものではない。住宅の入居については、例えば東京都の住宅基本条例で、「都は、……年齢、障害、国籍等の理由により入居の機会が制約されることがないよう、賃貸人その他の関係者に対する啓発に努めるものとする」（一五条二項）と定め、不動産業者の研修など啓発活動をしている例があるが、条例のレベルであり、かつ禁止規定ではない）。

憲法を遵守する義務の直接の名宛人は、天皇や国務大臣、国会議員、裁判官などの公務員（憲法九九条）だから、憲法は私人間の関係には直接には適用されないと考えられている。憲法一四条一項は「経済的又は社会的関係において」としており、社会生活上も人種差別を受けないことを憲法は求めていると考えられるものの、一般の私人や、企業のような団体に対して、憲法一四条一項の規定のみをもって、差別をしない義務があると主張することは難しい(そのため、八六ページ以下で見るように、社会通念上許されない差別かどうかについて、民法の一般規定にあてはめて解釈するような手法が取られている)。

他方で、日本が一九九五年に加入した**人種差別撤廃条約**は、一条一項で「人種差別」を「人種、皮膚の色、世系(descent)又は民族的もしくは種族的出身(national or ethnic origin)に基づくあらゆる区別、排除、制限又は優先であって、政治的、経済的、社会的、文化的その他のあらゆる公的生活(public life)の分野における平等の立場での人権及び基本的自由を認識し、享有し又は行使することを妨げ又は害する目的又は効果を有するもの」と定義した上で、公務員など国家機関が人種差別をしない義務だけでなく、個人や団体による人種差別をも禁止する義務を国に課している。「各締約国は、すべての適当な方法(状況により必要とされるときは、立法を含む。)により、いかなる個人、集団又は団体による人種差別も禁止し(prohibit)、終了させる(bring to an end)」とした規定だ(二条一項(d))。また、同条約は六条で、国は、自国の管轄下にあるすべての者に対し、この条約に反する人種差別行為に対して、裁判所など権限のある国家機関を通じて効果的な保護・救済を確保し、かつ、差別のために被った損害に対して公正かつ適正な賠償又は救済を裁判所に求める権利を確保することとしている。

人種差別撤廃条約一条にいう「公的生活」の分野とは、外務省も説明している通り(「人種差別撤廃条約Q＆A」http://www.mofa.go.jp/mofaj/gaiko/jinshu/top.html)、「企業の活動等も含む人間社会の一員としての活動全般を指すもの」、「つまり……純粋に私的な個人の自由に属する活動を除いた、不特定多数の者を対象とするあらゆる活動を含むもの」と理解される。

そのような射程の広さは、同条約の五条が、特に次の権利の享有にあたりあらゆる差別を禁止し撤廃すること、として、「輸送機関、ホテル、飲食店、喫茶店、劇場、公園等一般公衆の使用を目的とするあらゆる場所又はサービスを利用する権利」(f)を含めていることからも分かる。黒人差別が横行していた公民権運動までの時代のアメリカや、アパルトヘイト法制があった頃の南アフリカでは、白人専用のバスに黒人が乗ることは許されず、ホテルや飲食店などでも、罵倒され追い出される、殴られる、唾を吐きかけられる、給仕を拒否されるなどあからさまな差別待遇を受けていた。入店拒否やサービスの拒否は、人種差別の重要な、日常的な形態の一つで、人種差別撤廃条約ではそのような差別もあってはならないものとされているのだ。

個人や団体による人種差別についても国が禁止することを定めた人種差別撤廃条約二条一項(d)は、立法については「状況により必要とされるとき」としているにとどまる。日本は、人権条約の批准・加入にあたっては、必要に応じて法律を整備するのが通常だが(例えば、女性差別撤廃条約批准に伴い、男女雇用機会均等法を制定した例)、人種差別撤廃条約に加入した際には、既存の法律で対応できる法律の整備は必要ないとして、全く立法措置を取らなかった。

しかし、ホテルや飲食店などの店主や店員などからも人種差別を受けずにそのような場所やサービスを利用する権利は、本当に、何の法整備をすることもなく確保できるのだろうか。

民法の「不法行為」の規定をあてはめて解釈する迂遠な方法

立法措置を取らない理由として、日本政府は、個人や団体のような私人から人種差別を受けた場合には民法の不法行為の規定を通じてそれが裁判で違法とされ、損害賠償を受けるなどの救済を受けることができる、ということを述べていた。確かに、そのような形で救済が確実になされるのであれば、個人や団体による人種差別をも国が「禁止する」という条約の義務は実質的に履行されるとも考えうる。

一九九九年、北海道の小樽市内の公衆浴場が「JAPANESE ONLY　外国人の方の入場をお断りいたします」の張り紙を貼り出し、デビッド・アルドウィンクルさんら外国人客の入場を拒否した事件で、アルドウィンクルさんは店主を相手取って民事訴訟を起こした。アルドウィンクルさんは、入店拒否を受けた後、帰化して日本国籍を取り、「有道出人(アルドウ　デビト)」

という戸籍名になってから、運転免許証を持って再びその公衆浴場に行っても、外見はやはり外国人だからと言って拒否されたことから、これは人種差別による入店拒否だとして提訴を決意したのだ。

有道さんが何を根拠に主張したかと言えば、民法七〇九条の「不法行為」の規定。「故意又は過失によって他人の権利又は法律上保護される利益を侵害した者は、これによって生じた損害を賠償する責任を負う」という規定で、人の権利や利益を侵害してしまった場合(例えば、人を殴ってけがをさせた)の法的責任について広く使われる一般規定だ。

この小樽市入浴拒否事件で札幌地裁は、憲法一四条のほか、差別禁止規定をもつ自由権規約(判決文では「B規約」)、そして人種差別撤廃条約が、民法の解釈基準となることを認めた。そして、外見が外国人に見えるということによる入店拒否は人種差別であり、憲法や、自由権規約、人種差別撤廃条約の趣旨に照らせば、店主と客という私人間の関係でも撤廃されるべき人種差別であって民法上の「不法行為」にあたるとした。

「国際人権B規約及び人種差別撤廃条約は、国内法としての効力を有するとしても、その規定内容からして、憲法と同様に、公権力と個人との間の関係を規律し、又は、国家の国際責任を規定するものであって、私人相互の関係を直接規律するものではない。……けれども、私人の行為によって他の私人の基本的な自由や平等が具体的に侵害され又はそのおそれがあり、かつ、それが社会的に許容しうる限度を超えていると評価されるときは、私的自治に関する一般的制限規定である民法一条、九〇条や不法行為に関する諸規定等により、私人による個人の基本的な自由や平等に対する侵害を無効ないし違法として私人の利益を保護すべきである。そして、憲法一四条一項、国際人権B規約及び人種差別撤廃条約は、前記のような私法の諸規定の解釈にあたっての基準の一つとなりうる。

これを本件入浴拒否についてみると、本件入浴拒否は、O〔公衆浴場〕の入口には外国人の入浴を拒否する旨の張り紙が掲示されていたことからして、国籍による差別のようにもみえるが、外見上国籍の区別ができない場合もあることや、第二入浴拒否においては、日本国籍を取得した原告Jが拒否されていることからすれば、実質的には、日本国籍の有無という国籍による区別ではなく、外見が外国人にみえるという、人種、皮膚の色、世系又は民族的若《も》しくは種族的出身に基づく区別、制限であると認められ、憲法一四条一項、国際人権B規約二六条、人種差別撤廃条約の趣旨に照らし、私人間においても撤廃されるべき人種差別にあたるというべきである。……外国人一律入浴拒否の方法によってなされた本件入浴拒否は、不合理な差別であって、社会的に許容しうる限度を超えているものといえるから、違法であって不法行為にあたる。」

この引用部分で札幌地裁は、民法を解釈する際の基準になるものとして、憲法と自由権規約、人種差別撤廃条約を挙げているが、日本国籍を取った有道さんもその外見によって拒否されたのだから「人種、皮膚の色、世系又は民族的若しくは種族的出身に基づく区別、制限」にあたるとした箇所は、人種差別撤廃条約一条にいう「人種差別」の定義に拠ったものだ。そして裁判所は、そのような不合理な差別は民法上の「不法行為」にあたるとして、一〇〇万円の損害賠償の支払いを店主に命じた(札幌地裁二〇〇二(平成一四)年一一月一一日判決。札幌高裁二〇〇四(平成一六)年九月一六日判決でもその判断が維持され、最高裁で上告不受理により確定)。

この事件で、有道さんが受けた扱いは人種差別撤廃条約にいう人種差別にあたると認め、不法行為の解釈に反映させた裁判所の判断は、妥当で、日本の現行法の枠内での法解釈のあり方として模範的と言ってもいいものだ。しかし他方で、人種差別を「禁止する」という同条約の要求からすれば、このような迂遠な方法しかないことは、到底、十分とは言い難い。不法行為は民法の一般規定であって、それ自体には、「人種差別をしてはいけない」とはどこにも書いていない。事件が起きて、かつ原告が実際に訴訟を起こしたときに、裁判所がそれを解釈することで人種差別問題にあてはめるという形なのだ。

法律に明文規定がないということは、どのような行為をしたら違法な人種差別になるのかが社会で広く共有されないということであり、差別を防止する上で大きな難点がある。社会生活の中での差別を実効的に「禁止する」ためには、「どのような行為が禁じられる差別にあたるのか」を法律の規定の中で明記しておき、社会のルールとして広く周知することが必要だ。そのような規定があってこそ、「そのような行為は違法だから、してはいけないのだ」と認識でき、人権侵害を未然に防ぐことにもつながる（「行為規範」としての法律の役割）し、実際にそのような行為が起こった場合も、法律の規定に違反したことを裁判などで主張することができ、裁判官もその規定を適用して判断を下すことができる（「裁判規範」としての法律の役割）。

有道さんの入店を拒否した店主も、実のところ、外国人客を嫌がる日本人客に遠慮してあのような張り紙を出したが、良いことだとは思っておらず、有道さんと親しくなる中で、「自分にも娘がいるが、その娘が留学先で差別されたりしたら辛い。法律や条例があったら、差別してはいけないんですよとはっきり客に言えるのに……」という趣旨のことを語っている（有道出人『ジャパニーズ・オンリー――小樽温泉入浴拒否問題と人種差別』明石書店、二〇〇三年を参照）。

また、不法行為のような民事訴訟では、立証責任は原告にある。小樽の事件では、店主側も事実を争わなかったが、場合によっては、事実関係をめぐって争いになることもある。例えば入居差別の場合、気に入った物件があって契約しようとした段になって、名前や国籍を見て「すみませんが、韓国の方は困ります」「中国の方はちょっと」などと言って契約を断るような不動産業者や家主が後を絶たないが、それを訴えようとしても、「言った」「言わない」という事実関係で揉めることも少なくないのだ(例えば、在日韓国人に対してアパートの賃借契約を拒否したことをめぐるある事件では、被告である不動産業者と家主は、賃借を拒んだ理由は原告が「猫を飼いたい」と言ったからだという主張を繰り返した。結論的には、「賃借人になるべき者が外国人、特に韓国籍の者であるという理由から賃貸借の締結を拒否したものであって、……憲法一四条一項の禁止する差別に当たるといえる。したがって、本件賃貸借契約締結の拒否は、不合理な差別であって社会的に許容し得る限度を超えている」として不法行為責任が認められたものの(神戸地裁尼崎支部判決二〇〇六(平成一八)年一月二四日)、不法行為という枠組みで社会生活上の差別を違法と認めさせ、差別をなくしていくという方法の難しさを示すケースだ。なおかつ、この裁判例では裁判所は人種差別撤廃条約にも言及していない)。

人種差別を扇動するヘイトスピーチ根絶のための国の義務

先にみた通り、人種差別撤廃条約一条は、「人種、皮膚の色、世系又は民族的もしくは種族的出身」に基づく区別、排除、制限又は優先であって、公的生活の分野での人権享有や行使を妨げ又は害する目的又は効果をもつものを「人種差別」としている。「在日朝鮮人」のように「民族的出身」による区別や排除はこれにあたるし、「部落出身者」に対する区別や排除は、生まれや家系を意味する「世系」による差別に含まれる。

入居差別のような、隠れた形で行われることも少なくない差別に対し、二〇〇〇年代後半くらいから日本で激しくなっているのは、在日韓国・朝鮮人に対するヘイトスピーチを公道で叫びながら練り歩く示威活動のような、あからさまな人種差別だ。

ある民族や種族的出身（エスニック・オリジン）の人を敵視して差別や憎悪を煽る言動は、ナチスドイツによるホロコーストを典型として、その集団に属するとみなされた人たちを排撃する動きにつながり、暴力、最終的には虐殺という悲惨な事態にまでつながりかねないというのが人類の歴史的経験だ。一九四八年のジェノサイド条約（集団殺害罪の防止及び処罰に関する条約。日本は未批准）は、民族集団などの集団殺害行為だけでなく、その「直接かつ公然たる扇動」も国際法上の犯罪とし、処罰のため各国が国内立法をすることとしている。一九九四年に発生したルワンダでのジェノサイドでは、フツ族過激派の人物が経営する新聞社やラジオ局が、ツチ族への憎悪を煽る報道を行って大きな役割を果たしたが、ルワンダ国際刑事法廷では、これらメディアの責任者が、「ジェノサイドの公的な扇動」の罪で有罪を宣告されている（ナヒマナほか事件。「メディア・ケース」として知られる）。日本が加入している国際刑事裁判所（ＩＣＣ）ローマ規程でも、「他の者に対して集団殺害の実行を直接にかつ公然と扇動すること」は処罰の対象だ（二五条三項(e)）。ＩＣＣは補完性の原則に基づいており、集団殺害罪などＩＣＣの管轄犯罪を各国が裁けないか又は裁かない場合にＩＣＣが管轄権を行使する。日本も、「〇〇人を皆殺しにせよ」のようにジェノサイドを公然と扇動する行為を、国として放置することは許されないのだ。

人種差別撤廃条約は四条で、人種差別の扇動についての規定を置き、締約国は人種的憎悪及び人種差別を正当化しもしくは助長することを企てる宣伝及び団体を非難し、また差別の扇動又は行為を根絶するための迅速かつ積極的な措置を取るとしている（柱書き）。このため、締約国は、世界人権宣言に具現された原則及び、条約五条に定める権利（先にふれた、ホテルや飲食店など一般公衆の使用を目的とする場所やサービスを平等に利用する権利を含め、法律の前の平等が保障される諸権利）に十分な考慮を払って特に次のことを行う、として、(a)「人種的優越又は憎悪に基づく思想のあらゆる流布、人種差別の扇動」、人種や皮膚の色もしくは種族的出身を異にする集団に対する「すべての暴力行為又はその行為の扇動」、及び「人種主義に基づく活動に対する資金援助を含むいかなる援助の提供」も法律で処罰すべき犯罪と宣言すること、(b)「人種差別を助長し及び扇動する団体及び組織的宣伝活動その他のすべての宣伝活動」を違法として禁止し、このような団体又は活動への参加を法律で処罰すべき犯罪と認めること、(c)「国又は地方の公の当局又は機関が人種差別を助長し又は扇動することを認めないこと」と規定している。

このうち(a)と(b)は、そこに定められた行為を法律で処罰対象とすることを求めるものだ。日本は、条約加入の際、(a)と(b)については、「日本国憲法の下における集会、結社及び表現の自由その他の権利の保障と抵触しない限度において、これらの規定に基づく義務を履行する」という留保をつけている。留保とは、条約に入るときに、一部の規定については受け入れないということを表明しておくものだ。

とはいえ、日本の留保は、四条の義務を全く履行しないという内容のものではないことに注意したい。四条は、(a)に先立つ柱書きで、締約国は「差別の扇動又は行為を根絶するための迅速かつ積極的な措置を取る」としており、日本の留保はこれにはかからない。柱書きの基本的な義務は日本も負っているのだ。人種差別を扇動するヘイトスピーチに対して、根絶のための積極的な措置を取ることは国の義務だ。また、留保は、「国又は地方の公の当局又は機関が人種差別を助長し又は扇動することを認めないこと」とした(c)にも関係しない。省庁や地方公共団体など、「国又は地方の公の当局又は機関」にあたるものが人種差別を助長又は扇動することを国は認めてはならず、そのような事態が起こった場合には、国として認めないことを示す適切な措置を取る必要がある。ところが、日本では、首相、法務大臣など国の公的機関が、具体的なヘイトスピーチが起こっても全く批判せず、積極的な啓発の責務を果たしていないのが現状だ。昨今乱発されている「閣議決定」のような手法は、このような目的にこそ使われるべきだろう。

日本の国内法でも、名誉毀損にあたる言動については民事的にも刑事的にも責任を問われうるように、表現の自由も本来決して絶対的な権利ではない。表現の自由に関する自由権規約一九条は三項で「この権利の行使には、特別の義務及び責任を伴う。従って、この権利の行使については、一定の制限を課することができる。但し、その制限は、法律によって定められ、かつ、次の目的のために必要とされるものに限る。(a)他の者の権利又は信用の尊重、(b)国の安全、公の秩序又は公衆の健康もしくは道徳の保護」としているが、ヘイトスピーチの規制は、とりわけ「他の者の権利又は信用の尊重」のための制限ととらえることができよう。人種差別撤廃条約四条も柱書きで、世界人権宣言の原則(世界人権宣言は、すべての人間の尊厳・平等や他の人の権利の尊重という基本原則を包含した、人権の「コースメニュー」であることを想起〔↓序章〕と同条約五条の権利(すべての者の法律の前の平等)に言及しているように、他者の権利の考慮はもともと、国際人権法の体系の中に組み込まれているのだ。

なお、自由権規約二〇条は「戦争のためのいかなる宣伝も、法律で禁止する」(一項)、「差別、敵意又は暴力の扇動となる国民的、人種的又は宗教的憎悪の唱道は、法律で禁止する」(二項)こととしているが、日本はこの二〇条については留保を付していないことにも留意すべきだ。

諸外国の立法の例

また、四条の規定は表現の自由や集会、結社の自由の制限を意味することから、日本のような留保や宣言を付している国は少なくないが(二〇二〇年三月現在で、締約国一八〇カ国中、日本も含めて一九カ国)、そのほとんどは、留保と称しているものも含め、許容されている解釈の範囲で自国の立場を確認する「解釈宣言」にあたることも注意すべきだ(例えば、スイスが「スイスは、とりわけ世界人権宣言に規定された意見の自由及び結社の自由に十分な考慮を払いつつ、四条の実施に必要な立法措置を取る権利を留保する」としている例)。世界人権宣言の規定に十分な考慮を払うということは、四条の柱書き自体にも明記されている通りだ。

実際、四条に留保や宣言を付していない国(例えばカナダ。カナダは人種差別撤廃条約批准後、連邦刑法三一九条で、特定の集団に対する公共の場所での憎悪の扇動並びに意図的な促進を処罰対象とした)だけでなく、付している国も含め、多くの締約国では、四条を受けてヘイトスピーチ処罰のための国内法整備が行われている。

例えばフランスは、人種差別撤廃条約を一九七一年に批准したことを受けて、翌一九七二年には、包括的な人種差別法(「人種差別との闘いに関する一九七二年七月一日の法律七二―五四六号」、通称プレヴァン法)を制定し、これによって主に刑法典と出版の自由法を改正して、社会生活上の人種差別、ヘイトスピーチの双方について、刑事法による規制をおいた。

刑法二二五―一条では、出自や性、家族状況、妊娠、身体的外見、健康状態、障害、遺伝的特徴、性的指向、性自認、年齢、政治的意見、労働組合活動、種族的もしくは民族的出身、人種、宗教などによって人を区別することが「差別」として禁止されている。そして、二二五―二条により、このような差別によって財やサービスの提供の拒否、通常の経済活動の妨害、雇用の拒否、インターンとしての受け入れの拒否などを行った場合には、三年の拘禁刑と四万五〇〇〇ユーロの罰金が科されることになっている(このような差別が、一般公衆を受け入れる場所で、そこへのアクセスを禁じる目的でなされた場合には、五年の拘禁刑と七万五〇〇〇ユーロの罰金と、法定刑がより重くなる)。

フランスは、人種差別撤廃条約四条には、「同条において世界人権宣言の原則及び同条約五条に定められた権利についてなされている言及は、これらの文書で保障された意見及び表現の自由並びに平和的な集会及び結社の自由と両立しない反差別法を制定する義務を締約国から免ずるものと解釈する」という宣言を付しているが、ヘイトスピーチについては、出版の自由法で、人種的憎悪扇動罪(二四条)、人種的名誉毀損罪(三二条)、人種的侮辱罪(三三条)の規定を新設している。これにより、二三条に規定された公表手段(「公共の場所において行われた演説、訴えもしくは威嚇」、「公共の場所又は教会において販売されもしくは陳列された販売用又は頒布用の著作物、印刷物、図画、版画、絵画、紋章、映像その他、著作、言語もしくは映像の媒体となるあらゆるもの」、「公衆の面前に貼り出された貼り紙又はビラ」、又は「公衆に対する電子技術によるあらゆる伝達手段」)によって、「出生又は特定の民族、国民、人種もしくは宗教への帰属の有無」を理由とする人又は人の集団に対して行われた名誉毀損、侮辱、差別・憎悪・暴力の扇動が処罰対象とされ、一年の拘禁及び四万五〇〇〇ユーロの罰金又はそのいずれかが法定刑とされている(なお、二〇〇四年の法改正で、性別、性的指向又は障害を理由とした人又は集団への名誉毀損、侮辱、憎悪扇動も処罰対象に加わっている)。

民族的出身に基づくヘイトスピーチは人種差別

日本では、社会生活上の人種差別を明文で禁止した法律がないほか、人種差別を扇動するヘイトスピーチについても、これを禁止した法律はない(二〇一六年に成立したヘイトスピーチ解消法も、禁止規定を含まない)。このようにヘイトスピーチについても現行法の枠組みによる対処が前提とされる状況で、ヘイトスピーチに対する法的対応としては、(学校の機材を壊すなどして器物損壊罪や威力業務妨害罪などの刑事事件にもなった京都朝鮮学校事件のようなケースを別とすれば)民事上の救済が模索され、不法行為に基づく損害賠償請求や人格権に基づく差止請求において、人種差別撤廃条約や憲法上の人格権が援用される形がとられてきた。

京都朝鮮学校事件の民事訴訟は、排外主義団体のメンバーらが、京都朝鮮第一初級学校(小学校・幼稚園)の前で、平日の日中、「不逞な朝鮮人を日本からたたき出せ」「端のほう歩いとったらええんや」「キムチ臭いで」「ゴキブリ、ウジ虫、朝鮮半島へ帰れ」「保健所で処分しろ、犬の方が賢い」などと叫ぶ示威活動を行い、さらにその様子を撮影した動画をネット上に公開するなどしたことに対し、学校法人が不法行為で訴えた事案だ。

一審の京都地裁は二〇一三(平成二五)年一〇月七日の判決で、これらの発言は、その内容から、「在日朝鮮人を我が国から排除し、日本人や他の外国人と平等の立場で人権及び基本的自由を享有することを妨害しようとするものであって、日本国籍の有無による区別ではなく、民族的出身に基づく区別又は排除であり、人種差別撤廃条約一条一項にいう「人種差別」に該当する」とし、不法行為を認定した。そして、示威活動の様子を動画に撮影してネット上に公開して拡散したことを含め、行為は悪質性が高いものとして、合計で一二〇〇万円余りの高額の損害賠償の支払いを命じた[⬇扉写真]。控訴審でも同様の判断が出され(二〇一四(平成二六)年七月八日大阪高裁判決)、最高裁への上告も棄却されて、高裁判決が確定している。

大阪高裁は、私人間で一定の集団に属する者全体への人種差別的な発言が行われた場合は、それが、憲法一三条(個人の尊重)や一四条一項(法の下の平等)、人種差別撤廃条約の趣旨に照らして、社会的に許容される範囲を超え、他人の法的利益を侵害すると言えるときは、民法上の不法行為の要件を満たし、損害賠償の支払いを命じるべきで、それによって、人種差別撤廃条約の趣旨を私人間でも実現すべきであるとした。そして、多人数で、多数の子どもが在校する日中に押しかけて拡声器を用いて怒号して威嚇し、街宣車と拡声器を使って気勢を挙げたこと、さらには、そのような示威活動の様子を撮影した動画を、自分たちの立場からタイトル等を付した上でネット上の動画サイトに投稿し、不特定多数の人が閲覧できるようにしたことは、学校に対する社会的な偏見や差別意識を助長し増幅させる悪質な行為であると認め、そのような行為の悪質性は損害賠償額の面でも考慮されなければならないとして、第一審の認めた損害賠償額を維持した。

このように、民族的出身によって人を区別・排除し、人間以外の物に喩えるなどして平等な人権を否定しようとする言動を公然と行い、他人の法的利益を侵害するヘイトスピーチは、人種差別撤廃条約にいう人種差別となり、民法上の不法行為にあたることが判例で認められている。また、その際、拡声器を用い怒号を上げるといった態様や、示威活動の様子を動画に撮って自分たちの立場からネット上で公開する行為は、不法行為の悪質性を示すものとされ、高い損害賠償額が認められる要素とされている。同様の判断手法は、徳島教職員組合事件(京都朝鮮学校事件の被告とも重なる排外主義団体メンバーらが、貧困の子どもへの寄付を朝鮮学校にも渡したことを理由に教職員組合事務所に乱入し、拡声器で事務員に罵声を浴びせるなどの示威活動を行った上、現場を撮影した動画をネット公開した事件)でも踏襲された(高松高裁二〇一六(平成二八)年四月二五日判決。同年一一月一日の上告不受理により確定)。

ヘイトスピーチをネットに流した者だけでなく、他人のヘイトスピーチに見出しをつけるなど加工してネット上にアップした者も、別途に不法行為責任を問われうる。フリーライターの李信恵さんが、ネットの動画配信サービスやツイッター上で「朝鮮人ババア」などと誹謗中傷された事件で、李さんは、当初そのような記事を出した排外主義メンバーに対してだけでなく、誹謗中傷の記事や動画に見出しやコメントを付すなどしてまとめサイト上にアップしたブログ運営者に対しても別途に不法行為訴訟を起こし、どちらの裁判でも勝訴している。ブログ運営者に対する訴訟では、大阪地裁(二〇一七(平成二九)年一一月一六日判決)は、一連の記事の内容は「在日朝鮮人であることを理由に原告を著しく侮辱し、日本……社会から排除することを煽動するもの」で人種差別にあたるとした上で、被告は表題の作成、ツイートの並べ替え、表記文字の強調といった加工を行っていることなどから「ブログの掲載行為は、引用元の……スレッド等とは異なる、新たな意味合いを有するに至った」として、憲法一三条によって保護される李さんの人格権を侵害したと認定した(人種差別と女性差別の複合差別に根ざした表現が執拗に繰り返された点もふまえて、二〇〇万円の損害賠償を認定。二〇一八(平成三〇)年六月二八日の大阪高裁判決で控訴棄却、同年一二月一一日の最高裁上告不受理決定により確定)。

このように、ヘイトスピーチについても現在までに注目すべき判例の発展がみられる。ただ、あくまで不法行為という民法の一般規定の解釈にとどまることはやはり根本的な限界だ。不法行為規定は、特定の人や法人の権利や利益を侵害した場合には使えるが、「〇〇人」という不特定多数に対してヘイトスピーチをまき散らすデモなどに使うことは困難だからだ。

ヘイトスピーチ解消法の限界

ヘイトスピーチの深刻化を受け、二〇一六年には「本邦外出身者に対する不当な差別的言動の解消に向けた取組の推進に関する法律」、いわゆるヘイトスピーチ解消法が成立した。

同法は、「専《もっぱ》ら本邦の域外にある国若しくは地域の出身である者又はその子孫であって適法に居住するもの……に対する差別的意識を助長し又は誘発する目的で公然とその生命、身体、自由、名誉若しくは財産に危害を加える旨を告知し又は本邦外出身者を著しく侮蔑するなど、本邦の域外にある国又は地域の出身であることを理由として、本邦外出身者を地域社会から排除することを煽動する不当な差別的言動」(二条)につき、その解消に向けた基本理念と施策を示したものだ(一条)。

人種差別撤廃条約加入の際、またその後もずっと人種差別撤廃のための立法措置を取ってこなかった日本で、本法は、反人種差別に関する初めての法律だ。しかし、人種差別撤廃条約の定める人種差別の定義をふまえるのではなく、主に在日韓国・朝鮮人を念頭においた限定的な規定の仕方になっており、かつ適法に居住する者という要件まで加えている点は疑問だ。また、何よりも、この法律は、差別的言動が「許されない」と前文で理念的に宣言しているものの、ヘイトスピーチを違法として禁止する明文規定はなく、当然罰則もなく、国民に対する協力要請(三条)、差別解消に向けて取り組む国の責務と地方公共団体の努力義務(四条)を定めているにすぎない。人種差別撤廃条約で求められている対策を履行したものとは言い難いものだ。

現状では、ネット上も含めてヘイトスピーチは依然として横行している。ヘイトスピーチ解消法成立を受けて法務省に「ヘイトスピーチ被害相談対応チーム」が新設されており、ネット上の書き込みについても、人権救済申立を受けて人権侵犯と認定した場合に、法務局がサイト運営会社に削除を要請するケースは増えてはいるが、被害者がまず自力で削除依頼をし、それで削除されなかった場合に法務局が要請を行うという運用になっており、実効性は低いと指摘されている。ヘイトデモ隊も相変わらず、(ヘイトデモそのものを違法とするのではなく)カウンターの人々との衝突を避けるために脇を守る警察の一群とともに公道を行進しているのが現状だ。明確な「禁止」規定をもたないために、ヘイトスピーチを違法として違反行為を抑止する効果や、当局が措置を取る法的根拠となる効果に欠けるのだ。

人種差別撤廃委員会はこれまで日本に対して、包括的な人種差別禁止法を制定し、ヘイトスピーチについても禁止規定をおくべきことを繰り返し勧告してきたが、二〇一八年の総括所見でも、本法成立後もヘイトスピーチや暴力の扇動が引き続き行われていること、ネット及びメディアを通じたヘイトスピーチが継続していることに懸念を示し、「自主規制制度の設立を含む、インターネット及びメディアを通じたヘイトスピーチに対処するための効果的な措置を取ること」を勧告している。

ヘイトスピーチ解消法が理念法にとどまる中、自治体のレベルでは、悪質なヘイトスピーチが繰り返されてきた神奈川県川崎市で二〇一九年一二月、ヘイトスピーチを禁止し刑事罰も盛り込んだ全国初の条例が成立した。条例は、道路や公園など公共の場で、拡声器を使ったりビラを配ったりして、日本以外の特定の国や地域の出身者に対して差別的言動をすることを禁止しており、具体例として、居住地域から退去させることを扇動・告知する、身体や財産に危害を加えることを扇動・告知する、人以外のものに例えるなどして著しく侮辱することなどを挙げている。

条例は、これらのヘイトスピーチに対しては、①まず市長が、審査会の意見も聴いた上で「勧告」を出し、②勧告に違反して行われた場合には、審査会の意見も聴いた上で市長が「命令」を出し、③命令違反があった場合には、市長が氏名公表と同時に警察や検察に「刑事告発」するという仕組みだ。起訴され有罪となれば、最高で五〇万円の罰金が科される。

これは川崎市の条例ではあるが、これにより警察・検察が、何がヘイトスピーチとして犯罪となるのか判断しなければならないこととなるため、実際に起こっているヘイトスピーチに担当者が対応できるよう研修を行うなどの体制を整備する第一歩になることが期待される(「ヘイトスピーチ/ヘイトクライムへの警察対応」別冊法学セミナー『ヘイトスピーチに立ち向かう』二〇一九年、師岡康子発言)。

ネット上のヘイトスピーチに対する取り組み

ネット上で横行するヘイトスピーチは、匿名性に由来する自制心の麻痺に起因している面が強いと言われる(小倉秀夫「ヘイト・スピーチの投稿者についての発信者情報開示」http://www.ben.li/article/hatekaiji.html)。人種差別撤廃委員会は、ネット上のヘイトスピーチへの対処として自主規制制度についてもふれていたが、この関連での最近の進展について見ておこう。

ＥＵでは二〇〇八年に、「刑事法の手段による人種主義及び外国人嫌いとの闘いに関するＥＵ理事会枠組み決定」(以下、ＥＵ枠組み決定)が採択された。

これは、ＥＵ加盟国に対し、(a)人種や皮膚の色、宗教、出生又は民族的もしくは種族的出身に基づいた人又は集団に対する暴力や憎悪を公的に扇動する行為や、(b)(a)の内容のチラシ、図画もしくは資料を公的に流布又は配布する行為が処罰されるよう、必要な措置を取ることを求めたものだ。ここで「公的」な扇動にはネット上で行われる行為を含むし、「資料」は、電子的に作成されたものも含む。

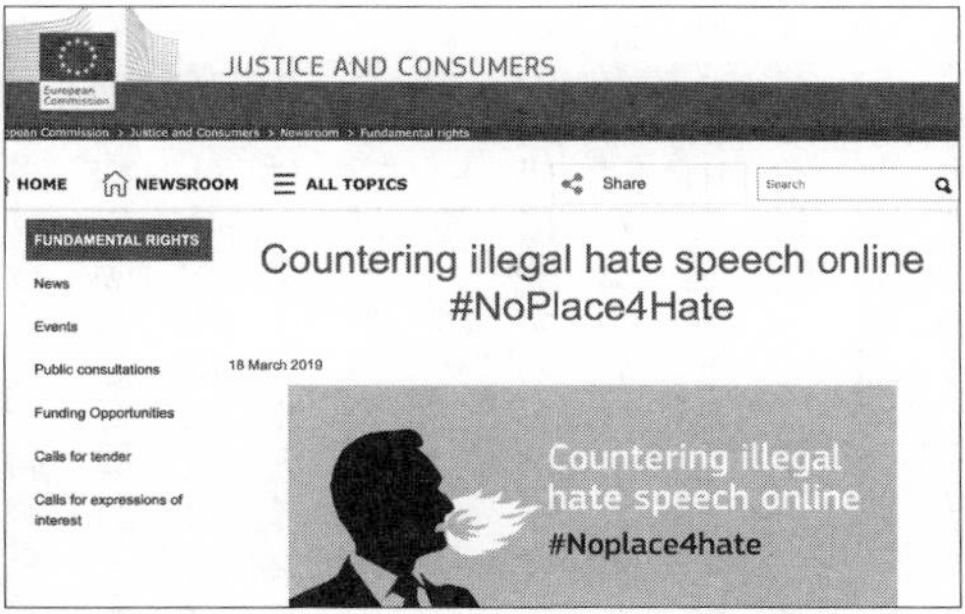

図 2-1　オンライン上の違法なヘイトスピーチに対する取り組みを示す EU 委員会のウェブサイト（https://ec.europa.eu/newsroom/just/item-detail.cfm?item_id = 54300）

これに基づいてEU各国は国内法の整備をしているが、注目されるのは、二〇一六年に、この枠組み決定で定義される違法なオンライン上のヘイトスピーチに対処する行動綱領に、フェイスブック、マイクロソフト、ツイッター、ユーチューブという大手IT企業四社が、EU委員会との間で合意していることだ(「オンラインの違法なヘイトスピーチへの対処に関する行動綱領」)。

それによれば、IT企業は、自社のサービス上の違法なヘイトスピーチを削除し又はアクセス不能にすることができるよう、通報のシステムを見直すこと、暴力やヘイトの扇動を禁止する規則やガイドラインを設けること、通報を受けた場合、それを規則やガイドライン、EU枠組み決定を実施する国内法に照らして検討する専門チームを作ること、必要であれば二四時間以内に違法なヘイトスピーチを削除し又はアクセス不能とすることなどの取り組みをすることとされる。二〇一八年には、グーグルとインスタグラムもこの行動綱領に加わった。

日本では、地方公共団体が条例によってネット上のヘイトスピーチ対策にも取り組む例が出てきている。例えば、二〇一六年一月に制定された（同年七月一日施行）「大阪市ヘイトスピーチへの対処に関する条例」は、「ヘイトスピーチ」にあたる表現活動を、(1)人種もしくは民族に係る特定の属性を有する個人又はその集団（特定人等）を社会から排除すること、特定人等の権利・自由を制限すること、特定人等に対する憎悪もしくは差別の意識又は暴力を煽ることのいずれかを目的とし（目的）、(2)特定人等を侮辱し又は誹謗中傷するもの、脅威を感じさせるもののいずれかの態様で（態様）、(3)不特定多数の者が表現の内容を知りうる状態におくような場所又は方法で行われる（方法）ものと定義し、「表現活動」には、インターネットを利用したものを含むことも明記している。

大阪市では本条例に基づきヘイトスピーチ該当性などについて審議を行う審査会が設置され、その答申をふまえた措置（プロバイダへの削除要請、ハンドルネームの公表等）が実施されている。

ただ、その運用をみると、審査会は、情報の提供をプロバイダに義務づけるような措置は現行法（電気通信事業法とプロバイダ責任制限法）に反するとしており、国に法改正を求めることが必要であるという答申を提出している。やはり、実効的な対策のためには、ヘイトスピーチを明確に定義してそれを禁止する法律の規定があることが不可欠と言えよう。

二〇一九年三月には、ニュージーランドのクライストチャーチでモスクを狙ったテロが発生し、その模様が犯人によって実況中継され拡散するという事態になった。これを受けて、同年五月に開催された国際会議では、ネット上のテロ及び暴力的過激主義コンテンツを撲滅するための「クライストチャーチ・コール」が採択されている。これは、ネット上からテロや暴力的過激主義コンテンツを排除するために、各国が国際人権法に合致した方法で国内法の効果的な執行などの適切な措置を取るとともに、オンラインサービス・プロバイダがそのようなコンテンツの即時削除を含めた具体的な措置を、明確で透明性の高い形で取ること、各国とオンラインサービス・プロバイダが相互に協力することを宣言した文書だ。

「クライストチャーチ・コール」には、日本も含む一七カ国と八のＩＴ事業者が賛同署名している。日本も、人種差別撤廃条約に合致した形で、公的生活における人種差別禁止に関する法律（「人種差別禁止基本法」など）を制定するとともに、ネット上のものを含むヘイトスピーチについても法律で明確に禁止規定を置き、それに基づいて、ＥＵで行われているように、ＩＴ企業の取り組みを求める仕組みを整えていくべきだ。

第3章

女性差別の撤廃と性暴力

大勢の報道陣を前に辞意を表明した福田淳一財務事務次官(当時)(「セクハラ問題と女性記者と「ペンの力」」毎日新聞2018年7月30日)

世界経済フォーラム(WEF、本部スイス・ジュネーブ)は毎年、各国の「ジェンダー・ギャップ」に関する報告書を発表している。①経済活動への参加(賃金格差、管理職の比率など)、②教育機会(識字率、初等〜高等教育での在学率など)、③健康と生存(寿命、新生児の男女比など)、④政治的参加(議会や閣僚職における女性比率)という四つの分野で男女平等の度合いを調査したもので、男女平等ランキングとも呼ばれる。日本は例年、先進主要国首脳会議参加国(G7)の中で最低の順位だが、二〇一九年の日本の順位は、対象の一五三カ国中一二一位。前年の一一〇位からも後退し、過去最低となった。日本は、③については優等生、②も識字率や初等・中等教育の在学率では優良だが、高等教育の在学率となると女性比率が下がる。また、特に①と④が非常に悪く、全体の順位を落としている。

①と④の状況を示すデータの一例として、各分野(政治、行政、司法、雇用、メディアなど)の指導的地位に女性が占める割合は左の通りだ。薬剤師以外ではすべて男性が大半を占める。この背景には、長時間労働と、家事・育児負担の重さ(や、それを女性に求める固定観念・偏見)のため

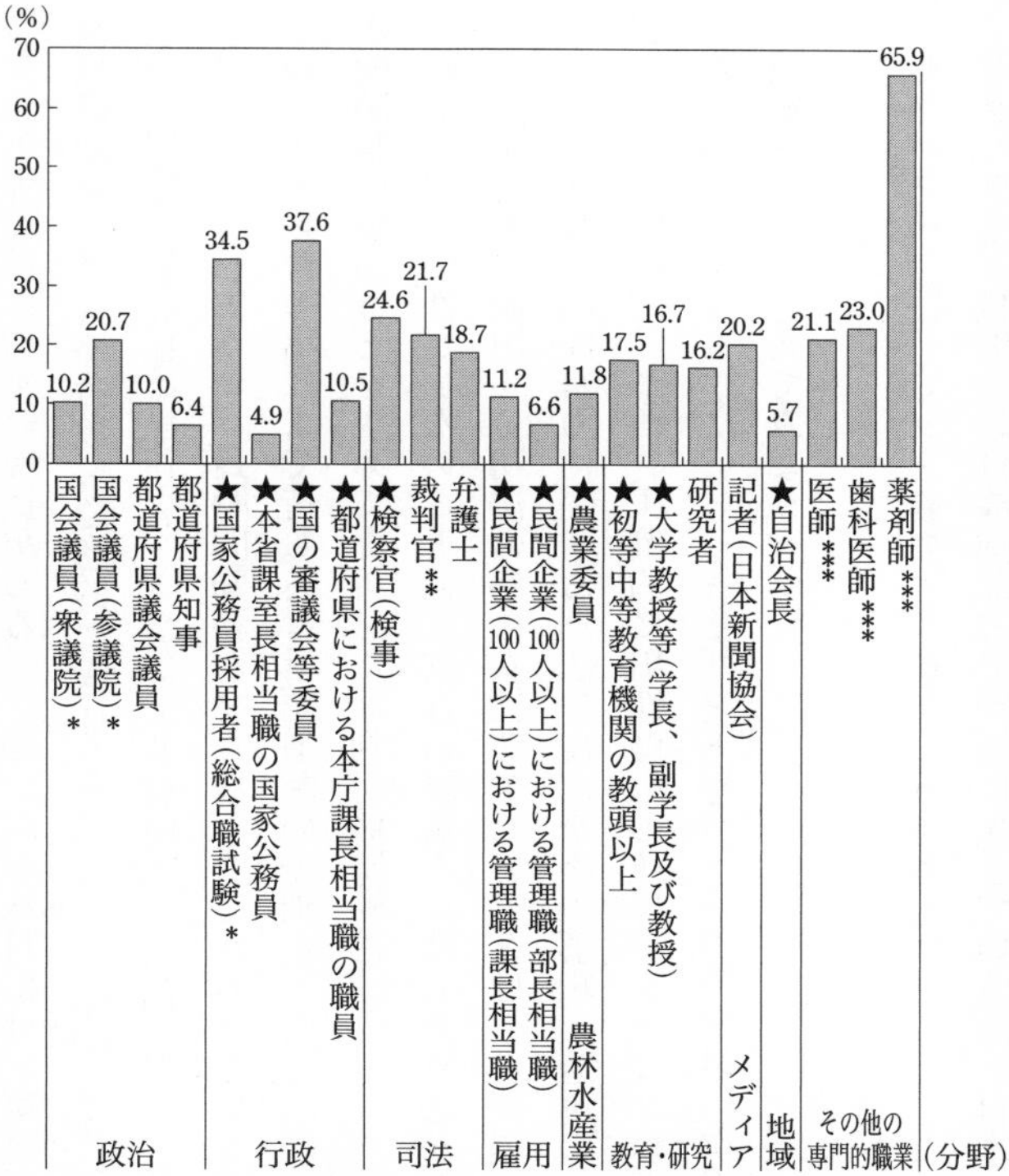

(備考) 1. 内閣府「女性の政策・方針決定参画状況調べ」(平成 30 年度)より一部情報を更新.

2. 原則として平成 30 年値. ただし, ＊は平成 31 年値, ＊＊は平成 29 年値, ＊＊＊は平成 28 年値.

なお, ★印は, 第 4 次男女共同参画基本計画において当該項目が成果目標として掲げられているもの.

また,「国家公務員採用者(総合職試験)」は, 直接的に指導的地位を示す指標ではないが, 将来的に指導的地位に就く可能性の高いもの.

図 3-1 各分野における主な「指導的地位」に女性が占める割合(内閣府男女共同参画局)

に女性が排除されやすい現状がある。二〇一八年八月には、東京医科大学が女子受験生に一律減点処理をして合格者数を恣意的に操作していたことが明るみに出て大問題となったが(他大の多くの医学部も同様の操作をしていたことが判明)、その理由は「女性は医師になっても出産・育児で辞めてしまうか、長時間勤務ができなくなるから」というものであり、雇う側の効率優先の理屈を教育の場にまで持ち込む言語道断の差別だった。二〇二〇年三月現在で、元受験生が受験料の返還などを求めて提訴した裁判が係属中だ。

政治の場に女性が少ないことは、女性の経験を反映した立法がなされにくい状況に直結する し、法を解釈・適用する司法の場に女性が少ないことは、女性の権利保護の不十分さにつながる。レイプなどの性暴力に関する刑法の規定やその解釈・適用のあり方は、そのことが鮮明に表れている問題だ。また、圧倒的に男性優位の政界やメディア界などでは、女性へのセクシュアル・ハラスメント(セクハラ)も多発している。この章では、セクハラを含む女性への性暴力の問題を中心に考えてみよう。

セクハラは「性(ジェンダー)暴力」であり、「女性差別」

セクハラは、職場や教育機関などで頻繁に起きているが、日本の法律では対応が不十分な人権侵害の一つだ。二〇一八年四月、福田淳一財務事務次官(当時)[↓扉写真]が、取材に来ていた女性ジャーナリストに対して「胸触らせて」「手縛っていい?」「浮気しようね」などとセクハラを繰り返していたことが明らかになった。しかしそれに対して、麻生太郎副総理兼財務相は「(福田氏)本人が否定している以上、断定できない」「(福田氏が女性に)はめられたのではないかという意見もある」「セクハラ罪っていうものはない」などとしてむしろ福田次官を擁護し、被害女性の言葉は信用できないものであるかのような発言を行った。さらに五月には内閣が、「現行法令において「セクハラ罪」という罪は存在しない」との答弁書を閣議決定までするに至った。

麻生副総理は「セクハラ罪というものはない」と言うが、セクハラでも悪質なものは、刑法上の強制わいせつ罪などにあたる場合がある。他方で、日本では、民間の事業主の雇用管理上の義務としてセクハラの防止と事後対応の措置を義務づけた男女雇用機会均等法の規定と、省庁について同様の義務を定めた人事院規則の規定はあるものの、セクハラとなる行為をはっきり定義してこれを「禁止」した法律の明文規定はないのが現状だ(そのため、加害者に対しては、刑法上の犯罪にあたる場合のほかは、またしても民法の不法行為のような規定を使って責任を問うことになる)。

しかし、セクハラは人にとって、自分が対等な人間としてではなく単に性的な対象として扱われていることを認識させ、ショックで仕事や学業の意欲を失うことをはじめ、精神的にも身体的にも大きなダメージを与えるものだ。セクハラは、人が身の危険を感じることなく安全な環境で仕事や勉強ができることを脅かす暴力的な行為であると同時に、ほとんどもっぱら女性が被害者となる点では女性差別にもあたる。女性差別撤廃条約は一条で、「女性差別」を「性に基づく区別、排除又は制限であって、政治的、経済的、社会的、文化的、市民的その他のいかなる分野においても、女性(婚姻をしているかいないかを問わない。)が男女の平等を基礎として人権及び基本的自由を認識し、享有し又は行使することを害し又は無効にする効果又は目的を有するもの」と定義しているが、セクハラは、ここにいう女性差別すなわち、女性が平等に基づいて人権を認識・享有・行使することを害する目的又は効果をもつものにあたりうる。

実際に、女性差別撤廃委員会は、「女性に対する暴力」をテーマとした一般的勧告一九で、女性が女性であるがゆえに被害を受ける「ジェンダー暴力(ジェンダーに基づく暴力 gender-based violence)」は、一条にいう「女性差別」にあたるとしている。委員会によれば、「ジェンダーに基づく暴力は、男性との平等を基礎として権利・自由を享受する女性の能力を著しく阻害する差別の一形態」であり、一条の差別の定義は、「女性であることを理由として女性に対して向けられる暴力、又は女性に対して過度に影響を及ぼす暴力を含む」。なお、「ジェンダー(gender)」とは、身体的な性別(sex)だけでなく、社会的、文化的な要素(例えば、女性はこうあるべきものだというような偏見が入った法解釈)を含めて、性にかかわる問題を扱うときに広く用いられる用語だ。法学でも、法の形成や解釈・適用におけるジェンダー視点からの分析は近年ますます重要なテーマになっている。

この一般的勧告一九はセクハラの問題も取り上げ、「女性が、職場におけるセクシュアル・ハラスメントのようなジェンダー特有の暴力を受けた場合、雇用における平等は著しく害される」、「セクシュアル・ハラスメントは、身体の接触及び接近、性的意味合いをもった発言、ポルノの表示及び性的要求(言葉であるか行為であるかを問わない)といった、歓迎されない性的行動を含む。そのような行為は、屈辱的でありえ、安全衛生の問題となる可能性がある。そのような行為に異議を唱えることが、採用又は昇進を含む雇用関係において不利益となると当該女性が信じる合理的な理由がある場合、もしくは敵対的な労働環境を創出する場合には、そのような行為は差別となる」としている。委員会は、レイプのような極端な形態の性暴力だけでなく、セクハラも、女性が女性であるがゆえに被害を受ける「ジェンダー暴力(ジェンダーに基づく暴力)」の問題ととらえ、実効的な対策を求めているのだ。

セクハラを行っているのが私人であるということは、実効的対策の取り組みをしない理由にはならない。女性差別撤廃条約は、締約国に対し、公の当局・機関が女性差別の行為を行わないようにすることなどに加え、「女性の権利の法的な保護を、男性との平等を基礎として確立し、かつ、権限のある自国の裁判所その他の公の機関を通じて、差別となるいかなる行為からも女性を効果的に保護することを確保すること」、「個人、団体又は企業による女性に対する差別も撤廃するためのすべての適当な措置を取ること」も義務づけている。

国は、公の当局・機関にあたる公務員によるものはもちろん、会社の上司や同僚などの私人によるセクハラも、撤廃のため措置を取る義務があるし、セクハラが起きた場合には、裁判所などの公的機関による被害女性の救済を確保しなければならないのだ。女性差別撤廃委員会は一般的勧告一九で、「締約国は、ジェンダー暴力に対して、女性に効果的な保護を与えるために必要なすべての立法及びその他の措置を取るべきである。とりわけ、(i)あらゆる形態の暴力(家庭内暴力及び虐待、職場における性的暴行及びセクシュアル・ハラスメントを含む)から女性を保護するための効果的な法的措置(刑事的制裁、民事的救済及び賠償を含む)」としている。

また、#MeToo運動の世界的な広がりを受け、ILOではセクハラを含むハラスメント問題に対する包括的な条約の必要性が認識され、二〇一九年六月には、「仕事における暴力とハラスメントの撤廃に関する条約」(ＩＬＯ一九〇号条約)が採択されている。この条約は、受け入れがたい言動や慣行であって身体的、心理的、性的又は経済的被害を生じさせる目的又は効果をもつものを「仕事における暴力及びハラスメント」とし、契約上の地位にかかわらずインターンや見習生、求職中の人に対するものも含めて、国が職場におけるすべての暴力とハラスメントを法律で禁止することを定めている。

日本では、就職活動中の学生が訪問先の会社員からホテルに誘われるといった「就活セクハラ」の深刻な実態も報告されており、対策が急務となっている。一九〇号条約の採択時には日本政府も賛成票を投じており(労働者団体である連合も賛成。但し、使用者団体である経団連は棄権した)、日本も早急にこの条約を批准して、実効的な国内法を整備することを考えるべきだ。

諸外国の立法

多くの国では、セクハラは「性差別」の一類型として、(個別の又は包括的な)差別禁止法によって明文で禁止されている。

包括的な差別禁止法の例として、アメリカの公民権法第七編(Title VII)は、公的・私的雇用者、労働組合、雇用者団体による差別を禁止しており、差別禁止事由の一つである「性(sex)」

には妊娠・出産、婚姻上の地位、性自認、性的指向、セクハラが含まれる。その内容は非常に幅広いものだ。性を理由として人(応募者又は被用者)にハラスメントをすることは違法とされ、ハラスメントは、セクシュアル・ハラスメントすなわち、歓迎されない性的言動、性的行為の要求、性的性格をもったその他の言語的・身体的ハラスメントを含むとされる。ハラスメントは、人の性についての侮辱的な発言を含み(例えば、女性一般についての侮辱的発言をすることで女性にハラスメントすることも違法となる)、被害者・加害者いずれも男性でも女性でもよく、また、被害者・加害者が同じ性別でもよい。性差別など差別を訴える者は、「平等雇用機会委員会(Equal Employment Opportunity Commission, EEOC)」に対して調停の申立ができる(アメリカでは、一九六四年公民権法(Civil Rights Act)のほか、一九六三年平等賃金法(Equal Pay Act)、一九九〇年障害をもったアメリカ人法(Americans with Disabilities Act)により、応募者又は被用者を、人種、皮膚の色、宗教、性、民族的出身、年齢(四〇歳以上)、障害、又は遺伝情報によって差別することは違法とされているが、同委員会はこれらの連邦法を執行するための連邦機関だ)。調停で解決されなければ提訴も可能だ。公民権法第七編違反に対する救済としては、意図的差別(直接差別)の場合には損害賠償及び懲罰的な賠償も可能で、雇用者の規模により、合計五万ドルから三〇万ドルまでの賠償が命じられうる。

また、アメリカでは大学内でのセクハラが社会問題化したことから、一九七二年連邦教育改正法第九編(Title IX)では、「米国のいかなる者も、性に基づいて、連邦の財政支援を受けている教育プログラムもしくは活動への参加の除外、それらの利益の否定、又は差別を受けない」と規定され、この規定はセクハラをカバーするとされている。この法律の執行は、連邦教育省の「公民権局(Office for Civil Rights, OCR)」が担当している。教育分野の個別立法の例だ。

オーストラリアは、連邦法として個別の差別禁止法を四つ(一九七五年人種差別法、一九八四年性差別法、一九九二年障害差別法、二〇〇四年年齢差別法)制定しており、性差別法の第四部でセクハラについても規定している。二八A条によると、(a)歓迎されない性的勧誘もしくは、歓迎されない性的行為の要求をすること、又は、(b)合理的な人であれば相手が感情を害し、侮辱されもしくは脅かされたと感じるであろう可能性が予測できる状況において、歓迎されない性的性格の行動を取ること、がセクハラと定義されている。連邦機関であ

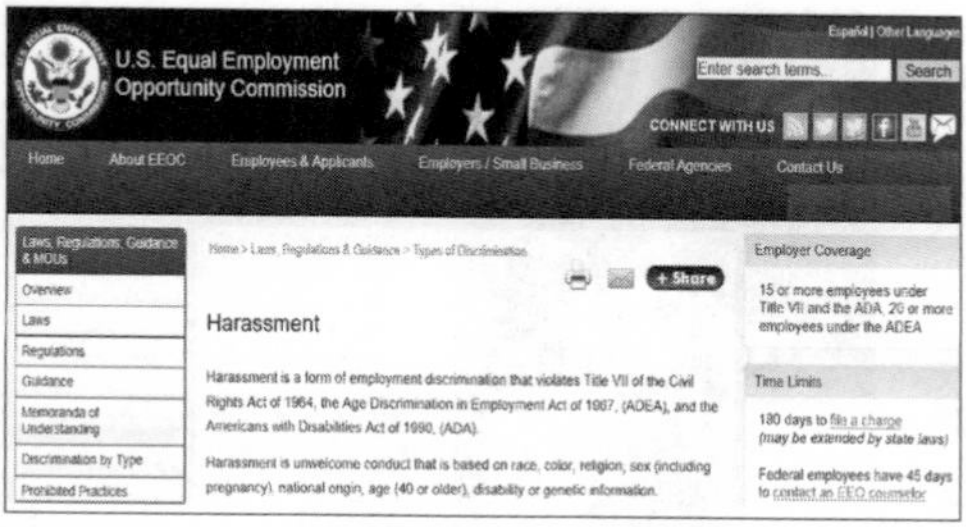

図 3-2　アメリカ平等雇用機会委員会のウェブサイト
(https://www.eeoc.gov)

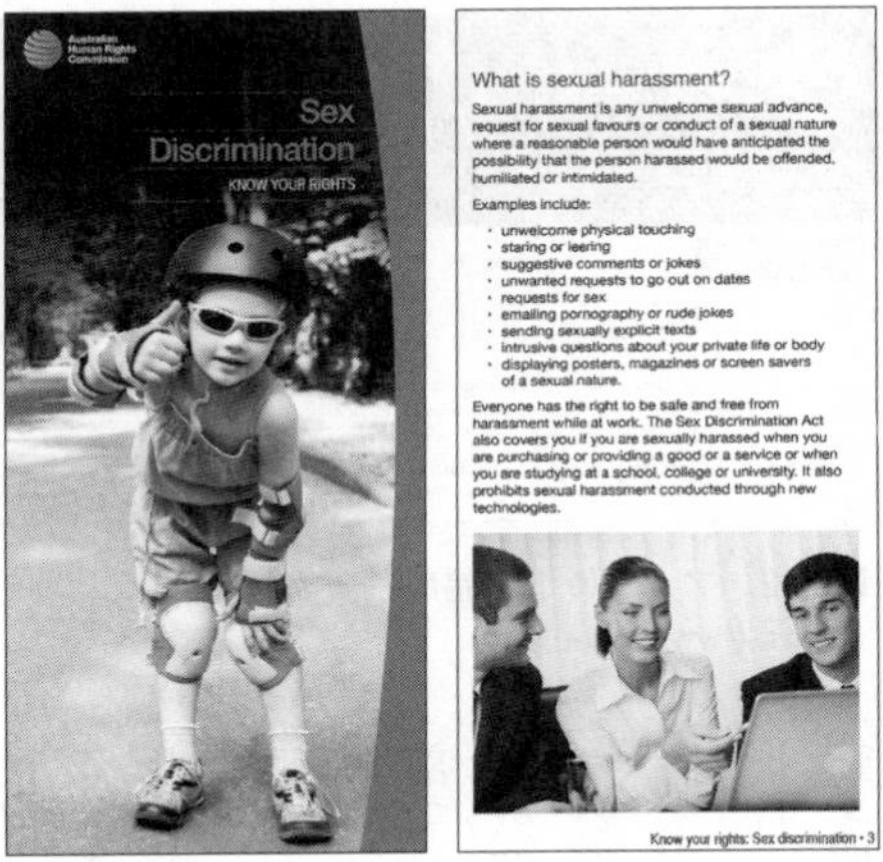

図 3–3　オーストラリア人権委員会のパンフレット

るオーストラリア人権委員会(Australian Human Rights Commission)がこれら四つの法律を所管しており、差別を受けたと考える者は同委員会に申立をして調停を求めることができる。調停で解決されない場合は提訴も可能だ。

上の図のように、オーストラリア人権委員会が発行しているパンフレットでは、何がセクハラにあたるかという例も含めて分かりやすく解説されている。

イギリスの二〇一〇年平等法(Equality Act 2010)も包括的な差別禁止法の一例で、一九六五年・一九七六年人種関係法、一九七〇年平等賃金法、一九七五年性差別禁止法、一九九五年障害者差別禁止法の内容を統合して一本化した包括的な反差別法だ。同法は、雇用、教育、団体加入、住居を含む財やサービス・施設の利用、及び公的機関に適用される。差別禁止事由として年齢、障害、性転換、婚姻及びパートナーシップ、妊娠及び出産、人種、宗教又は信条、性、性的指向による差別をカバーし、「差別」には、直接差別、間接差別、被害者への報復のほか、ハラスメント(差別禁止事由による歓迎されない行為であって、人の尊厳を侵害するか又はその人にとって脅迫的な、敵対的な、侮辱的なもしくは品位を傷つける環境を創出する目的又は効果をもつもの)を含む。平等法の執行のための機関として「平等・人権委員会(Equality and Human Rights Commission)」が設置されており、情報提供、啓発・人権教育、差別の申立についての調査、差別があったと認めた場合は加害者に対して是正措置や行動計画の要請などを行っている。

刑法でセクハラを禁止し、処罰対象としている国もある。フランスの刑法二二二―三三条一項は、「セクシュアル・ハラスメントとは、人に対して、繰り返し、品位を傷つけもしくは侮辱的な性格のゆえにその人の尊厳を傷つけ、又はその人に対して脅迫的、敵対的もしくは侮辱的状況を創出する、性的意味合いのあるもしくは性差別的な言動もしくは行動を行うことをいう」とする。同条二項では、「繰り返されなくとも、性的性格の行為を得る真のもしくは外見的な目的をもっていかなる形態の重大な圧力をかける行為も、それが行為の実行者の利益のためであるか第三者の利益であるかを問わず、セクシュアル・ハラスメントと同視される」とも規定している。いずれも、二年の拘禁刑及び三万ユーロの罰金が法定刑だが、一定の場合(権限を濫用した者による行為、未成年に対する行為、被害者が年齢や疾病、障害、妊娠、経済状態などの点で特に脆弱な状態にあることを知りつつ行われた行為、オンラインサービスを使用し又はデジタル技術を用いて行われた行為、未成年者がいる状況で行われた行為、尊属又は被害者に対して法律上もしくは事実上権限をもつ者によって行われた行為など)はより重い法定刑だ(三年の拘禁刑及び四万五〇〇〇ユーロの罰金)。

「暴行又は脅迫」要件

レイプ(rape)は、日本の刑法では「強姦罪」だったが、二〇一七年の刑法改正によって現在は「強制性交等罪」になっている。

刑法一七七条は、「一三歳以上の者に対し、暴行又は脅迫を用いて性交、肛門性交又は口腔性交(以下「性交等」という。)をした者は、強制性交等の罪とし、五年以上の有期懲役に処する。一三歳未満の者に対し、性交等をした者も、同様とする。」と規定する。この法改正により、女性だけでなく男性が強制性交の被害者になる場合もカバーされた、膣性交だけでなく肛門性交や口腔性交も対象になった(「性交等」)、被害者の告訴がなければ起訴されない「親告罪」ではなくなった、という重要な変更点があった。

他方で、以前の強姦罪の規定と変わらない点もある。強制性交等罪が成立するためには、

「暴行又は脅迫を用いて」行われたという要件(犯罪構成要件)があることだ。大学の授業などで「どのような行為がレイプになると思いますか?」と聞くと、「同意のない性行為」と答える人が多いが、刑法の規定はそうではない。同意があったかどうかではなく、「暴行又は脅迫」があったかどうかが要件なのだ。

しかも、判例では、強姦罪が成立するために必要な「暴行」とは、人の抵抗を著しく困難にするほどのものとされている(一九五八(昭和三三)年六月六日最高裁判決)。これは、暴行罪が成り立つ場合の暴行よりも高いレベルのものだ。そのため、日本の刑事裁判では、被害者が「やめて」と言いながら相手の手を振り払うなどしていたとしても、ある程度の力の行使は合意の上での性交の場合でもあることで「抵抗を著しく困難にする程度の暴行を加えて性交に及んだとまでは言えない」などとして、強姦罪が認められず、無罪になる例がしばしばある。「暴行」要件のハードルの高さは、現在の強制性交等罪になってからも同様だ(性暴力に関する日本の刑法の規定とその適用をめぐるこうした問題については、伊藤和子『なぜ、それが無罪なのか!?』ディスカヴァー・トゥエンティワン、二〇一九年が詳しい)。

しかし、「暴行又は脅迫」の要件を必須とすること、また暴行要件についてそこまで強度の「暴行」があったことを要求するのは、強制性交を処罰する上で適切だろうか。現実には、暴行がふるわれていなくとも、急に襲われて驚いたり、怖くて動けなかったりして、思うように抵抗できない場合は多々ある。「抵抗すれば殺される」と感じ、せめて命だけはという思いで、命がけの抵抗には及ばないこともあるだろう。それなのに、抵抗できないほどの暴行があったことを示さなければ、たとえ刑事裁判になったとしても有罪判決が出る可能性は高くないとなれば、被害届を出すことすら躊躇するだろう。内閣府の調査によれば、女性の一三人に一人は無理やりに性交等をされた経験があるが、被害を受けた女性の六割近くはどこにも相談していない(内閣府男女共同参画局「男女間における暴力に関する調査報告書〈概要版〉」二〇一八年、http://www.gender.go.jp/policy/no_violence/e-vaw/chousa/pdf/h29danjokan-gaiyo.pdf)。それだけ多くの人が泣き寝入りしているということだ。

「一三歳以上の者に対し」という年齢要件も問題だ。刑法一七七条の規定では、一三歳未満の者に対する性交等は、暴行又は脅迫がなくても強制性交等罪となるが、一三歳以上の者について強制性交等罪が成立するには「暴行又は脅迫」が要件だ。刑法一七六条の強制わいせつも同様で、一三歳以上の者については、「暴行又は脅迫を用いて」わいせつな行為をした場合が対象となる。しかし、一三歳と言えば中学一年生くらいの年齢だ。初潮がまだ来ていない女の子もいるし、性行為が何かを理解していない子ども(なお、子どもの権利条約では一八歳未満が

「子ども」だ）もいる。そのような低年齢を基準として（性交同意年齢）、それ以上の年齢であれば、「暴行又は脅迫」さえなければ強制性交にならないというのは、子どもの人権の保護という観点から果たして妥当だろうか。

とりわけ、身体への侵襲を伴う強制性交は、被害者の心身を傷つける暴力であるというだけでなく、その後の人生にも大きなダメージを与えうる深刻な人権侵害だ。被害者が当時は幼くて何をされているのかよく分からなかったとしても、知らず知らずのうちに被害者の行動にトラウマから来る影響をもたらしたり、後々になってその記憶がフラッシュバックしたりすることもある（人は、あまりに衝撃的な経験をすると、自己防衛のため脳がその記憶にいったんフタをするように働き、その経験の記憶が後に何らかのきっかけで戻ることがあることが明らかになっている）。諸外国の立法では性的同意年齢を一五歳又は一六歳を基準とするものが多く、日本も年齢の引き上げを早急に検討すべきだ。

また、性暴力は、暴行や脅迫によるものでなくとも、親などの者によって、子どもが拒否できない形でふるわれることが往々にしてある。上記の内閣府の調査によれば、一八歳未満で無理やりの性交等の被害を受けた女性のうち約二割は、親などの監護者から被害を受けた経験があるのだ。

二〇一七年の刑法改正では、「一八歳未満の者に対し、その者を監護する者であることによる影響力があることに乗じてわいせつな行為をした者」(監護者わいせつ)を強制わいせつと同様に処罰する一七九条一項、及び、「一八歳未満の者に対し、その者を現に監護する者であることによる影響力があることに乗じて性交等をした者」(監護者性交等)を処罰する同条二項が新設され、地位や関係性を利用して行われる性交等については暴行・脅迫要件がない。それは重要な進展だったが、実際の適用には限界があることが明らかになっている。

例えば、離婚した元夫が当時一三歳の実の娘にわいせつ行為をしたケースでは、警察は、元夫が養育費を払っていなかったことから、「父親の役目を果たしていないから監護者に当たらない」と説明。元夫は、襲った時に長女が「パパ、ちゃんと話をしようよ」と必死に止めようとしたのを、「同意の言葉だと思った」と警察に釈明した。このケースは結局示談となり、元夫は何ら責任を取っていない。母親のかずみさん(仮名)は「実父でなければ、娘は一緒に出掛けない。義務教育中の一三歳が、なぜ同意年齢なのか」と憤っているが、「監護者」の範囲の問題を含め、現行の刑法の規定が子どもの人権を十分保護するものになっていないことを示す事件だ(「一三歳娘へ性暴力、父は野放し」二〇二〇年三月八日東京新聞)。

二〇一七年刑法改正時の付帯決議では、三年後の見直しが盛り込まれており、今年二〇二〇年はその年にあたる。暴行・脅迫要件や性交同意年齢の見直しをはじめとして、被害の実態をふまえ、子どもの人権保護の視点も入れた抜本的な法改正の議論が必須だ。

なお、先に、強制性交等の被害者の多くがどこにも被害を相談していないことにふれたが、その背景には、被害を警察に相談しても真摯な対応を受けられない場合も多いことや、相談した場合に受ける二次被害の問題もある。被害女性は、多くの場合は男性警察官を相手にして話さなければならず、ニヤニヤした男性警察官から「あなたもヤリたかったんでしょう?」とからかわれたという酷い扱いを受けた人もいる(米軍兵士によるレイプ被害に遭ったフィッシャーさんの経験。キャサリン・ジェーン・フィッシャー『涙のあとは乾く』講談社、二〇一五年)。ジャーナリストの伊藤詩織さんも、「よくある話だし、事件にするのは難しいですよ」と言われている。男性警察官から「処女ですか?」など自分の性体験について聞かれたり、被害現場の様子を人形で再現することが求められたりする扱いも、被害者にとっては屈辱的だ(伊藤詩織さんの経験。伊藤詩織『Black Box』文藝春秋、二〇一七年)。昨今では、強制性交等罪や準強制性交等罪(心身喪失など抵抗できない状態に乗じて行った性交)で起訴されても無罪になるケースが相次いだことから、警察・検察による捜査や検察による起訴の判断も目に見えてトーンダウンしているという由々しい状況が生じている。

女性の権利を法的に保護しないことによる国の条約違反

以上に見たような、性暴力に関する日本の刑法規定（特に暴行・脅迫要件）とそれが成立するためのハードルの高さは、女性差別撤廃条約上、女性差別的な法律や慣行をなくすための措置を取る国の義務、また、女性の権利を法的に保護する国の義務に照らして問題がある。女性差別撤廃条約二条(f)は、女性差別となる既存の法律や慣行を修正し又は廃止するための措置を取ることを国に求めている。また、二条(c)は、女性の権利の法的な保護を確立し、裁判所その他の公的機関を通じて、差別となるいかなる行為からも女性を効果的に保護することを国に求めた規定だ。

女性差別撤廃条約の個人通報制度を利用して通報されたケースでは、ＤＶ（配偶者暴力）やレイプなど、私人によって行われた女性への暴力をめぐる事案が多数あるが、加害者が私人であっても、それに対して国の機関が相当の注意を払って女性の権利侵害を防止・救済することを怠った場合には、国の条約違反が問われることが明らかになっている。

ファトマ・イルディリム対オーストリア事件（通報番号六／二〇〇五、二〇〇七年見解採択）は、暴力をふるい殺害の脅迫を繰り返す夫によって結局刺殺されてしまった女性のケースだ。被害者のファトマさんは死亡しているため、ＤＶの被害者団体が代理人となって申立を行った。
「女性に対する暴力」をテーマとした女性差別撤廃委員会の一般的勧告一九については先にふれたが、委員会はこの中で、女性が女性であるがゆえに被害を受ける「ジェンダー暴力」は「女性差別」にあたるとするとともに、暴力をふるうのが国家機関でなく私人であっても、国家は、「相当の注意（デュー・ディリジェンス due diligence）をもって権利侵害を防止し、又は暴力行為を調査、処罰しかつ賠償を提供することを怠ることによっても、責任を負いうる」としていた。

女性差別撤廃委員会は、ファトマ・イルディティリム対オーストリア事件でこの考え方をあてはめ、オーストリア当局（警察・検察）は、夫がファトマさんに繰り返し接触し、殺害脅迫をしていることを「知っていたか、又は知っているべきであった」ことから、夫を逮捕・勾留しなかった不作為は「ファトマ・イルディティリムを保護する当事国の相当の注意義務に違反した」としたのだ。委員会は結論として、当事国オーストリアはファトマさんの生命権や身体・精神保全の権利を保護せず、女性の権利を法的に保護するという二条(c)などの規定に違反したと判断している。

性暴力に関する、女性差別撤廃委員会の重要な個人通報先例の一つは、フィリピンで起こったレイプ事件に関するベルティード対フィリピン事件(通報番号一八/二〇〇八、見解採択二〇一〇年)だ。

フィリピンの刑法は、(a)暴行もしくは脅迫によって、(b)相手の意識不明に乗じて、又は(c)詐欺的な陰謀もしくは重大な権力濫用によって膣性交、肛門性交又は口腔性交を行うことをレイプと定義しており(二六六―A条。一三歳未満の者に対しては(a)〜(c)の要件は不要)、暴行・脅迫要件に関しては日本の刑法と共通する(但し、フィリピン刑法の場合は(a)〜(c)のいずれかの状況でよく、(b)は日本の準強制性交等罪に類似しまた(c)のうち権力濫用については日本の監護者性交等罪に類似する一方、日本の刑法は陰謀の場合を定めていない)。

ベルティード対フィリピン事件は、ベルティードさんが上司によるレイプ被害を刑事告訴したところ、ダバオ市地方裁判所が何年もの間これを審理せずに留め置いた上、八年後、「彼女がその場から本気で逃げようとしていたとは認められない」、「彼女が本気で抵抗していたならば上司は性行為に及ばなかったであろう」、「上司もすでに六〇歳でありそれほどの体力はなかった」などとして無罪判決を出したため、ベルティードさんが女性差別撤廃委員会に申立をしたというものだ。

委員会は、これに対し、見解として、このようなフィリピンの裁判所の判決は、レイプ被害者は必ず抵抗するものだという「レイプ神話」と偏見に基づくものであり、女性差別的な法規定・慣行（女性差別撤廃条約二条(f)違反）にあたるとしたほか、差別から女性を法的に保護する義務（同二条(c)）を怠るものだとして、当事国フィリピンの条約違反を認定した。さらに、女性に対する偏見や慣行をなくすための措置を取る義務に関する条約五条(a)の違反も認定している。

そして、フィリピンに対して、被害者であるベルティードさんに賠償するという個別の救済措置のほかに、事態改善のための一般的措置として、(1)レイプの訴えに対する司法手続が遅延なく行われるようにすること、(2)レイプなど性犯罪にかかわる事件の法的手続が、公平・公正で、偏見や固定的なジェンダー概念に影響されないようにすることなどを勧告した。

(2)としては、具体的に、①レイプの定義の見直し（合意の欠如に焦点をあてること）、②暴行の要件を削除し、「はっきりした自発的な同意」があったかどうか、又は「強制的な状況」で行われたかどうかを基準とする規定にすることによって、裁判手続における被害者の二次被害を最小化すること、③裁判官や弁護士、法執行官（警察など）に対し、女性差別撤廃条約と委員会の一般的勧告（特に一般的勧告一九）について研修を行うこと、④裁判官や弁護士、法執行官、医療関係者に、ジェンダーに配慮したかたちで性犯罪を理解するための研修を行うことも勧告している。

本件でフィリピンに出されたこれらの勧告の内容は、日本の現状にもまさに必要とされる事柄であり、女性差別撤廃条約の締約国として日本も参考とすべきものだ。

他の国に関する個人通報事案でも、そこで委員会が出した見解は条約本体の解釈に関わるものだから、その内容はすべての締約国にとって関係がある。現に、上にみたファトマさんやベルティードさんの事件でも、委員会は、女性に対する暴力に関する一般的勧告一九を引用し、それを基にした判断をしている。一般的勧告はすべての締約国に向けられたものだが、委員会は、その内容をふまえて、個人通報の事案にもあてはめているのだ。

また、日本も、個人通報制度を定めた女性差別撤廃条約選択議定書を早急に批准すべきだ。日本でもＤＶやストーカー殺人、強制性交など、主に女性が被害者となる深刻な事件が後を絶たない。そのように私人が加害者の場合でも、女性差別撤廃条約に照らせば、女性の権利の法的な保護や女性差別的な法律・慣行の修正における国の取り組みが十分かどうか問われる余地があるのだ。国内で利用できる救済手続を尽くせば女性差別撤廃委員会に個人通報できる制度が使えるようになることは、日本国内の法的手続において、女性差別撤廃条約の考え方が反映されるようになるための大きな一助になるだろう。

第4章

学ぶ権利実現のため措置を取る国の義務

――社会権規約の観点から――

「教育を受けながら，どうして大きな借金を背負わなきゃいけないんでしょうか」と訴える大学生（東京新聞 2016年1月3日）

上がり続ける大学の学費と私費負担

日本では、大学や大学院、高等専門学校などの高等教育の学費が、データのあるOECD(経済協力開発機構)加盟国の中で最も高い国の一つで、しかも年々上がり続けている。高等教育の学費は六八%を家計負担に依存しており、これは、OECD加盟国平均の三〇%の倍以上だ(OECD、*Education at a Glance 2018: Japan*, https://www.oecd.emb-japan.go.jp/files/000398873.pdf)。GDP(国内総生産)に占める公教育費の割合を比較すると、日本は例年、OECD加盟国の中で最低ランクだ。

日本では国公立の大学よりも私立の大学の方が数も多く、大学生の七割以上(約七三%)は私立大学で学んでいる。しかし、私立大学への国の補助金(私学助成)はわずかで(学生一人当たりに換算すると約一四万円。国立では一人当たり約一八〇万円)、私立大学の運営はほとんどを学生納付金に頼っているため、学費は当然、国立より高額になる。初年度は入学金もあるため、それも合わせた私立大学学部の初年度納付金は、平均で一三〇万円を超えている(以上のデータは、東京私大教連の「私立大学生の学費負担の大幅軽減と私大助成の増額をもとめる国会請願」二〇一八年による)。他方で、国公立大学の学費も現在は決して安いとはいえず、授業料は国立文系で約五四万円に達している(二〇一九年度)。

にもかかわらず、日本では、公的な給付制(返済しなくてもよい)の奨学金がほとんどない。かつて、「日本育英会」が奨学金事業を行っていた頃は、奨学金は貸与制であるものの、教員などの研究職に就いて一定年数勤務した人に対する返還免除の制度があったため、研究職に就くことを奨励し、結果的に給付奨学金となる側面があった。しかし、小・中・高校の教員が奨学金返済を免除される制度は一九九八年に廃止され、二〇〇四年に日本育英会が廃止され現在の「日本学生支援機構」に組織改編された際には、大学教員への免除もすべて廃止されてしまった。

弁護士や教員たちが結成した「奨学金問題対策全国会議」などの市民運動もあり、二〇一七年からようやく給付制奨学金が導入されたが、新規採用枠は毎年二万人と非常に少なく、また、金額も、月二万円から四万円(国公立か私立か、自宅通学か自宅外通学かによって異なる)というわずかな額だ。

貸与制のものは、カギカッコつきの「奨学金」であり、実際には「学生ローン」と呼ぶべき

図 4–1　労働者福祉中央協議会「アンケートから見る教育費負担と奨学金問題」2019 年の表紙

ものだ。しかも、無利子の「第一種奨学金」(自宅通学か自宅外通学かにより、大学で月二～六・四万。大学院の場合は、修士課程か博士課程かにより月五～一二・二万)より多くの額が借りられる「第二種奨学金」(学部により、大学で月二～一二万。大学院では、法科大学院で月五～二二万、その他の大学院で月五～一五万)は、返済時に利子がつく有利子「奨学金」なのだ(金額は二〇二〇年六月現在)。

クレジットカードで買い物をするにしても、住宅ローンなどローンを組むとしても、私たちは普通、社会に出てから、自分の収入との兼ね合いにおいて、返済できるという見通しを立てて、お金を借りるものだろう。しかし「奨学金」ローンの場合は、就職して給料を得る前から、学生として勉強するためにお金を借りるのだ。労働者福祉中央協議会のアンケート調査によれば、大学卒業生の平均借入額は三二四・三万円にもなる。

しかも、有利子の「奨学金」の場合、この借入額はさらに大きく膨らむ。二〇一九年二月三日の朝日新聞の「声」欄に投書した会社員の女性(二六歳)は、毎月約三万円返済しているが、有利子型のため、借り入れた三八四万円は五一六万円になったという。そして、「現在、結婚も視野に入れ交際している恋人がいるが、奨学金を借りていたことはまだ言い出せていない。もちろん結婚後も仕事をし、返済を続ける予定だが、彼や彼のご両親は負債のある私を家族として快く迎えてくれるだろうか？　貯蓄のない私をどう思うだろうか？　仮に結婚できたとして、子どもを育てる経済的余裕が持てるだろうか？」と悩んでいるのだ。

この女性は、「深刻化する少子化問題は、若者の金銭的な余裕の無さが背景にあると考える。安心して子どもを産み、育てられる世の中にするためには、奨学金制度の見直しも不可欠であると申し上げたい」と続けているが、全くその通りだ。多くの若い人たちが、社会に出るときにすでに「奨学金」ローンという借金を背負い、その返済をしながら生きていかなければならないことが、結婚や子育てなど、人生設計に暗い影を落としている現状は、上記のアンケート調査でも明らかにされている。そして、子どもができればまた高い教育費がかかるため、安心して子どもを持てる状況ではないのが今の日本なのだ。

「奨学金」を返せない場合、延滞金が課される(二〇一三年度までは年率一〇%、二〇一四年度以降は年率五％）。延滞金が発生すると、返済では延滞金支払いが優先されるため、有利子奨学金の場合には延滞金↓利子↓元金の順に充当され、一生懸命返済しても元金がなかなか減らない。日本学生支援機構は利息と延滞金で、年間数百億円もの経常収益を上げているが(資金を貸し出している民間の銀行にも利息が払われ、返済の取り立てをした業者にも取り立て手数料が支払われている)、大内裕和教授は、日本学生支援機構による奨学金は「奨学制度」というより「金融事業」になっていると指摘している(大内裕和『奨学金が日本を滅ぼす』朝日新書、二〇一七年)。

日本では、「奨学金」の名でこのように学生が借金をさせられることがあたり前のようになっているが、これは、おかしなことではないだろうか。能力に応じて等しく教育を受ける権利は、憲法二六条で保障されている人権だ。教育基本法は憲法二六条を受けて、「すべて国民は、ひとしく、その能力に応じた教育を受ける機会を与えられなければならず、人種、信条、性別、社会的身分、経済的地位又は門地によって、教育上差別されない」として、「経済的地位」によっても教育上差別されないことを定めている(四条一項)。日本では現在、大学や専門学校などの高等教育進学率は五割以上だが、生活保護世帯では三割程度というように、経済的状況による明白な格差があり、世帯年収が高い層ほど四年制大学への進学率が高い。経済困窮世帯の子どもが置かれている教育状況と進路選択の制約は、憲法二六条や教育基本法四条の理念に反する事態だ(小川正人『日本社会の変動と教育政策』左右社、二〇一九年)。教育基本法四条は、「国及び地方公共団体は、能力があるにもかかわらず、経済的理由によって修学が困難な者に対して、奨学の措置を講じなければならない」とも規定している(三項)。

人は教育を受け、学ぶことを通じて、人格を形成していく。また、教育を受ける権利は、働く権利や職業選択の自由、政治参加できる権利など、他の人権を享受するための基礎になる権利でもある。「人権中の人権」とも言われる所以だ(渡部昭男「日本における「無償教育の漸進的導入」の進展と課題」二〇一九年 http://www.lib.kobe-u.ac.jp/infolib/meta_pub/G0000003kernel_90006498)。高等教育を受けられるかどうかは、将来就ける職業の範囲や内容にも関わり、生涯で得られる収入も変わってくるから、人が貧困の連鎖から抜け出せるための重要な鍵になる(また、親の学歴が大卒以上である家庭では子どもの貧困率は低く、高卒、中卒になるほど上がるという調査結果がある。次世代につながる貧困の連鎖はそのような事実からも明らかだ。阿部彩『子どもの貧困Ⅱ』岩波新書、二〇一四年を参照)。

社会権規約が要求している措置

国際人権規約の一つである社会権規約は一三条で、「教育についてのすべての者の権利」を認め、教育が人格の完成と人格の尊厳についての意識の発達を指向するものだということに締約国は同意するとしている(一項)。

そして、二項では、この権利の完全な実現を達成するため締約国は次のことを認める、として、初等教育については義務的かつすべての者に無償とすること(a)、中等教育(中学・高校)については「すべての適当な方法により、特に、無償教育の漸進的《ぜんしんてき》な導入により、一般的に利用可能であり、かつ、すべての者に対して機会が与えられるものとすること」(b)、高等教育については「すべての適当な方法により、特に、無償教育の漸進的な導入により、能力に応じ、すべての者に対して均等に機会が与えられるものとすること」(c)と規定している。

子どもの権利条約も二八条でほぼ同様の規定をおくほか、さらに、中途退学率の減少を奨励するための措置を取ることなども規定している。また社会権規約は一三条二項で、「すべての段階にわたる学校制度の発展を積極的に追求し、適当な奨学金制度を設立し及び教育職員の物質的条件を不断に改善すること」(e)とも規定している。

社会権規約上、「締約国は、立法措置などのすべての適当な方法によりこの規約で認められる権利の完全な実現を漸進的に(progressively)達成するため、自国における利用可能な資源(re-sources)[1]を最大限に用いることにより……措置を取る(take steps)」(二条一項)とされている。

差別禁止については別途規定があり、同二項で、締約国は「この規約に規定する権利が人種、皮膚の色、性、言語、宗教、政治的意見その他の意見、国民的若しくは社会的出身、財産、出生又は他の地位によるいかなる差別もなしに行使されることを保障する」としている。

「無償教育」の範囲には、授業料の無償から、修学に必要なすべての経費の無償まで、解釈の幅がありうるが、日本では、義務教育となる初等教育(小学校)及び前期中等教育(中学校)は、国立又は公立の学校については授業料の無償と教科書の無償給付が実現している(加えて、生活保護制度の生活保護基準額を目安とした要保護の家庭の子どもに対して、学用品費や体育実技用具費、修学旅行費、給食費、クラブ活動費、PTA会費などを国と自治体が補助する就学支援制度がある)。

後期中等教育(高校)についても、二〇一〇年にいわゆる高校無償化法(現在は「高等学校等就学支援金の支給に関する法律」)が施行され、公立高校では授業料を徴収せず、私立高校に通う生徒にも公立高校の授業料にあたる額の補助が国庫から支出されることになった。これは、社会権規約一三条二項(b)の趣旨に適う制度だ[2](但し、二〇一四年からは所得制限が導入され、すべての世帯の子どもを対象とした制度ではなくなった)。

日本は、当初、高等教育に関する一三条二項(c)については受け入れないという「留保」を付していたが、二〇一二年にこの留保を撤回した。従って、国はこの規定に従い、無償教育を、直ちに全面的にとはいかなくとも、「漸進的に」導入し、進めていかなければならないことになる。

単なる努力義務ではない

社会権規約二条一項にいう「権利の完全な実現〔を漸進的に達成するため〕……措置〔公定訳では「行動」〕を取る」義務については、日本では、国がその分野の政策を取ることを促したにとどまる、努力義務規定のようなものととらえる見方も根強い。そのような見方には、一九八九年の塩見事件最高裁判決が大きく影響している。塩見事件は、塩見さんという元在日韓国人の方が、国籍条項により障害福祉年金を受給できなかったことを差別であり違法であるとして訴えた事件だが、この事件で塩見さん側が社会権規約九条(「この規約の締約国は、社会保険その他の社会保障についてのすべての者の権利を認める。」)も援用して主張したのに対し、最高裁は、社会権規約九条は「締約国において、社会保障についての権利が国の社会政策により保護されるに値するものであることを確認し、右権利の実現に向けて積極的に社会保障政策を推進すべき政治的責任を負うことを宣明したものであって、個人に対し即時に具体的権利を付与すべきことを定めたものではない」として主張を退けた(一九八九(平成元)年三月二日判決)。

はっきりと個人の「権利」を認め、その実現のために「措置を取る」ことを国に義務づけている条約である社会権規約について、それが単なる「政治的責任」を課したにすぎないとみる最高裁の理解は誤りだ。法の世界では、「権利(right)」とは、それに対応する義務を生じさせる概念だ。「権利」を認めるとは、個人が一人で勝手に「私はこれが欲しい、こうして欲しい」(欲望、願望)とか、「そうしてくれると私の得になる」(利益)とか言っているというのではなく、一定の事柄を「正当な要求」であると法によって公的に承認して、その実現のために、義務主体(条約の場合は締約国)に義務を負わせることを意味する。

社会権規約は、社会保障や教育などについての「権利」を明文で認め、締約国がその実現のために措置を取る義務を規定した条約であって、それを単に「政治的責任」にすぎないとして矮小化することは許されない。「政治的責任」と言うと、もっぱらマクロの大局的な見地から政府が政策を立案し遂行するものであり、かつ法的に何ら責任を問われることはないもののように思われる。しかし、社会権規約で規定している「権利」とは個々人が持っている人権であり、そのようなミクロの視点から、立法や行政に対しても、「権利を享受できずに、取りこぼされてしまっているマイノリティはいないか」という検証(塩見さんのように、一部の人が排除されてしまっている場合に、それが「すべての人」の権利からして差別にならないのかどうかについての司法判断を含む)が常に求められるのだ。

「措置を取る」という義務も、一般的な文言ではあるが、それはどの条約でも(どんな法文でも)あることで、捻じ曲げず素直に解釈する必要がある(国際法では、条約の解釈原則は「ウィーン条約法条約」という条約の中に成文化されているが、その大原則は、条約はその文言を、条約の趣旨と目的に照らして誠実に解釈するというものだ)。社会権規約の場合、「漸進的」という言葉が入っていることから、「いつかやればいい」「やらなくてもいい」のようにいい加減なとらえ方をされがちだったが、そのようなとらえ方は誤りだ。権利の「完全な」実現は「漸進的に」(=徐々に)行われるものだとしても、権利実現に向けて「措置を取る」こと自体は、すぐに行わなければならない法的義務であり、何もしないという不作為は規約違反だ。

一三条についての一般的意見一三で社会権規約委員会は、右に挙げた一三条二項(b)・(c)については、「措置を取る」こと自体は、直ちに行わなければならない即時の義務であるとし、少なくとも締約国は、規約に沿った中等・高等教育の提供に向けての国家的な行動計画を作って実施することが求められるとしている。これには、教育についての権利の実現の進捗状況を具体的に評価できるような指標(インディケーター、ベンチマーク)を盛り込むべきであるとしている。そして、これらの規定に沿って漸進的にすべての者に対する中等・高等教育を実現するよう「意図的で、具体的かつ的を絞った」措置を取らないことは、規約違反になるとしている。

意図的な権利後退措置は社会権規約の趣旨に反する

社会権規約委員会はまた、締約国が権利の実現にとって後退的な措置を取るとすればそれは社会権規約の趣旨に反することになるとし、「いかなる後退的な措置が意図的に取られた場合にも、規約上の権利全体に照らして、及び利用可能な最大限の資源の利用という文脈において、それを十分に正当化することが要求される」と述べている。国は、権利を認め、「すべての適当な方法により……権利の完全な実現を漸進的に達成するため、自国における利用可能な資源を最大限に用いることにより……措置を取る」義務を負ったのだから、権利の実現をむしろ後退させるような措置を取るのであれば、それが本当に規約上の人権の観点から、また「利用可能な最大限の資源」を使ったのかどうかという観点から正当化されるのかが社会権規約に照らして問われるということだ。

このような考え方に立って、委員会は例えば、社会保障の権利に関する九条についての一般的意見一九では、「社会保障についての権利に関連して取られた後退的な措置は、規約上禁じられているという強い推定が働く」とし(後退禁止原則)、いかなる意図的な後退的措置が取られる場合にも、国は、それがすべての選択肢を最大限慎重に検討した後に導入されたものであることや、利用可能な最大限の資源の利用に照らしてそれが正当化されることを証明しなければならないとしている。また、そのような後退的措置を取る、(a)合理的な理由があったか否か、(b)すべての選択肢が検討されたか否か、のほかにも、(c)検討にあたって、影響を受ける人々が参加して意見表明をすることはできたのか、(d)その措置が差別的になることはなかったか、(e)その措置によって、最低限不可欠なレベルの社会保障を奪われる人はいないか、(f)その措置について、独立の機関による再検討がなされたか、といった一連の検討事項を挙げている(委員会は日本に対する総括所見でも、近年相次いで行われている生活保護の引下げについて、社会権規約九条に照らして問題があるという懸念を示している)。

教育についての権利に関する一三条についても、意図的な後退的措置が規約の趣旨に反するということは同様だ。国は社会権規約に入ることで、権利の実現に向けて措置を取る義務を負ったのだから、それを怠る不作為はもちろん、権利実現を後退させる措置を取ることも規約の趣旨に反する。日本育英会から現在の日本学生支援機構になり、奨学金貸与を受けた者が教員などとして一定期間勤務した場合に返還を免除される制度が廃止されたことも、制度の改悪であり、社会権規約一三条二項(b)・(c)・(e)の趣旨に反する後退的措置にあたるだろう。

外国の国内裁判所の判例では、学費を上げた国の措置について、社会権規約一三条を適用してそれを違法としているものがある（ベルギーの例）。中等教育に関する事案でベルギー・リエージュ民事裁判所は一九八九年三月一日の判決で、「社会権規約の精神並びに、進歩的及び漸進的な性格に照らし、かつ特に、一三条二項(b)の目的の漸進的性格に照らせば、中等教育の無料という精確な目標の実現についての期限はないとしても、すでにその目標を実質的に完全に達成している締約国（ベルギーでは一九五九年以来達成されている）は、本規約の精確な義務を誠実に執行するという義務に違背することなくして、差し迫った理由もなくまた予定された周知の手続もなしに〔権利の実現状況を〕後退させることはできない」と判示している（最高裁判所にあたる破毀院の一九九〇年一二月二〇日判決もこの判断を支持した。このようなベルギーの国内判例について、詳しくは申『人権条約の現代的展開』信山社、二〇〇九年を参照）。

「高等教育無償化」を謳う政府の施策がはらむ問題

日本政府が新たに導入し、二〇二〇年四月から実施されている「高等教育無償化」は、無償化を漸進的に進める上では確かに一つの進展ではある。しかし、低所得者層にとって相対的に負担が重い消費税増税を財源とするという問題を措いても、多くの問題をはらんでいる。

第一には、対象となる学生は住民税非課税世帯かそれに準ずる世帯の者に限られ、対象が非常に限定的であることだ。文部科学省「高等教育の修学支援新制度について」(https://www.mext.go.jp/a_menu/koutou/hutankeigen/index.htm)によれば、両親・学生本人・中学生の家族四人世帯の場合で、

①住民税非課税世帯(年収目安で約二七〇万円未満)の学生については、大学が授業料等を減免(そのための費用を公費で支出)するとともに日本学生支援機構が給付型奨学金を支給

②年収目安で約三〇〇万円未満の世帯の学生には、授業料等の減免と給付型奨学金をそれぞれ三分の二支援

③年収目安で約三八〇万円未満の世帯の学生には、授業料等の減免と給付型奨学金をそれぞれ三分の一支援

というものだ。

だが、四人家族で年収二七〇万円未満というのは、大学進学はおろか、日々の食生活や家賃の支払いにも事欠くような所得水準だ。それに準ずる年収三八〇万円未満にしても同様だ。これらの世帯に学費支援の制度が必要なことは確かだが、どうして、支援対象となる世帯をここまで絞り込むのだろうか。

現役の学生が立ち上げた政策提言団体「高等教育無償化プロジェクトFREE」のアンケート調査によれば、中所得階層の年収六〇〇万円程度どころか、年収一〇〇〇万円の家庭でも、子どもの希望する進路を、学費のために変えざるを得ない場合があること、大学生・専門学校生の六割は進学先を決める際に学費を判断基準にしたことが明らかになっている。医学や工学、薬学など理系の学部の学費は特に高い。子どもが複数いる家庭では、学費の工面はなおさら大変だ。また、この新制度では大学院生は対象外であり、研究しているべき時間にアルバイトをせざるを得ない大学院生たちの困難な状況には何ら変わるところがない。

第二に、この「高等教育無償化」には、対象となる大学にも要件があり、①実務経験のある教員を年間平均の要修得単位数の一割以上の単位にあたる授業科目に配置すること、②理事総数の二割以上に、産業界などの外部人材を任命していること、③成績評価基準を定めるなど厳格な成績管理を実施・公表していること、④法令に則り財務・経営情報を開示していること、という四点が要件となっている。しかし、このうち、特に①と②は、大学の人事に介入する要件であり、大学の自治と学問の自由を侵害する恐れのあるものだ(二〇一八年一月二五日の東京私大教連中央執行委員会による反対声明参照)。これらは、財界出身者や官僚の再就職(天下り)を容易にこそすれ、高等教育の機会均等を実現するという人権保障の観点とは関係がない。文学や芸術など、分野によってはそのような要件を満たしにくい分野もあり、そのような学問分野の大学で学ぶ学生が不当に差別されることにもなる(「無償化対象に要件、反発」朝日新聞二〇一八年一二月一九日を参照)。学生の学ぶ権利を実現するための政策であれば、なぜそのような要件をつける必要があるのだろうか。

さらに問題なのは、政府が、財政難を理由に、国立大学に対し人件費などの基盤経費として交付する「運営費交付金」を年々削減していることだ。二〇〇四年の国立大学法人化以降、国からの運営費交付金総額は減り続け、二〇〇四年度の一兆二四一五億円から二〇一八年度の一兆八八二億円へと、この一四年間で一五三三億円も削減されている。朝日新聞の二〇一六年一一月二四日記事は、北海道大学で、運営費交付金が二〇〇四年度の三四六億七〇〇〇万円から二〇一五年度は三一一億円と減少し、定年退職する教員がいても代わりの教員を補充せず、「任期つき」教員の任期を延長しないことで対応していることや、同様に財政難に苦しむ高知大学も一時的に採用・昇任人事を凍結し人件費削減を迫られていることを報じたものだ。また、全体の削減と並んで、政府は、大学の競争力を高めるという名目で、改革に取り組んでいる大学に運営費交付金を重点配分する施策を進めるとともに、新たに「機能強化促進費」を措置しているが、これによって運営費交付金等が増額されている大学もある一方、減額となっている大学も多い。大学の人件費や研究費を圧迫し、学費の値上げにもつながる深刻な事態だ。

実際、国立大学では、運営費交付金の減額傾向や、大学の機能強化を理由に、かつ二〇一九年に行われた消費税増税の影響も受けて、二〇二〇年度前後から学費を大幅値上げすると発表するところが相次いでいる（一橋大学、東京藝術大学、千葉大学など）。ごく低所得者世帯の学生のみの「高等教育無償化」が打ち出される一方で、学費自体が今までより上がるというのは、高等教育の漸進的無償化に向けて措置を取るとした社会権規約の規定に合致しない、矛盾した事態だ。

第三に、国立大学には授業料減免制度があり、各大学の定める所得基準によって全額免除・半額免除が学生に認められてきた。この制度では、年収三八〇万円以上の中所得世帯も対象になる場合が多かった。しかし、二〇二〇年からこの新しい修学支援制度が始まるのに伴い、従来認められてきた減免枠（全国の国立大学で約四・五万人）が大幅に縮小され、国立大学に通う学部生のうち約二万人は、授業料負担がかえって増加する見通しであることが明らかになっている（二〇一九年九月二〇日発表の文部科学省調査結果）。このような事態は、社会権規約の趣旨に適っているとは到底言えない。学費が徐々に下がっていき、かつ、学びたい全ての学生の権利が実現されるような、本当の意味での無償化の導入を図っていく必要がある。

なお、この「高等教育無償化」と時を同じくして政府が打ち出し、一足早く二〇一九年一〇月から実施されている「幼保無償化」にも、大きな問題がある。三歳児から五歳児までは全世帯が対象となる一方、〇歳児から二歳児までは住民税非課税世帯が対象となり、認可保育園や幼稚園などの利用料が原則として無料となるというものだが、そもそも、保育園に入れない待機児童が日本にはたくさんいるのだ。保育園が足りず子どもが保育園に入れないということは、その子どもの面倒を見なければいけないために働きに出られない保護者がおり、働く権利を侵害されているということでもある。

保育園に入れた人は制度の恩恵を受ける一方、入れない人が依然として多くいるという事態は、かえって、不平等を強めることになる。ＳＮＳで「#無償化より全入」というハッシュタグをつけて発信する人たちも多くいた。保育園が足りない上に、重労働であるのに賃金が低いため生活できず辞めてしまう保育士が後を絶たず、そのために保育園がやむを得ず廃園になる事態が起きていることも深刻だ。

（1）ここは、政府公定訳では「手段」と訳されているが、英語正文では resources で、「資源」と訳すべき語だ。

（2）但し、この法律と関連法令では、一般の高校〔学校教育法にいう「一条校」〕だけでなく、専修学校や、外国人学校〔学校教育法にいう「各種学校」〕についても対象にされたものの、朝鮮学校だけ、拉致問題があることを理由に対象から除外されているという問題がある。社会権規約及び子どもの権利条約上、高校の授業料を無償化すること自体は、国が利用できるすべての資源を使って漸進的に実現すべきものとされているが、権利実現にあたっていかなる差別もあってはならないことは明文で要求されている。朝鮮学校のみの排除は、「国民的出身」ないし「他の地位」に基づく差別にあたる。

【追記】コロナ禍で顕在化した人権問題と今後の課題

二〇二〇年春、新型コロナウィルス（COVID−19）感染症が世界各地で急速な広がりを見せ、日本でも四月七日、七都府県を対象に、改正新型インフルエンザ等対策特別措置法に基づく緊急事態宣言が発令された。同宣言は、対象地域が拡大された後、段階的に解除され、五月二五日には全国的に解除となっているが、東京ではその後も新規感染者が増え、六月には東京都の警戒情報「東京アラート」が出されるなど、事態は予断を許さない。

緊急事態宣言を受け、各地の自治体が商業施設などに休業要請、市民には不要不急の外出自粛を求めたが、これによって大きな打撃を受けているのは、オンラインでのテレワークができない飲食業などの仕事に就いている人々、中でも非正規労働者だ。新型コロナウィルス感染症の影響で解雇や雇い止めにあった人は二〇二〇年一月以降合計で二万人を超えているが、五月末から六月にかけては二週連続で一週間に四〇〇〇人以上増えているところ、そのうち六割はアルバイトや派遣社員などの非正規労働者だ（「解雇や雇い止め　非正規雇用で働く人が六割占める新型コロナ」ＮＨＫニュース二〇二〇年六月一〇日 https://www3.nhk.or.jp/news/html/20200610/k10012464791000.html）。

飲食店などが休業を余儀なくされたことで、学生のアルバイト収入も大幅に減少し、大学の学費が支払えず退学を考える学生も増えている（「バイト代激減、学生困窮　食費一日三〇〇円でしのぐ――学費払えず退学視野」時事ドットコムニュース二〇二〇年四月二〇日 https://www.jiji.com/jc/article?k=2020041900134&g=soc）。これに対して、各大学は学生への経済支援を打ち出し、また政府も五月に入り、大学・大学院・短期大学・高等専門学校などの学生のうちコロナの影響でアルバイト収入が大幅に減少したため修学の継続が困難になっている人を対象に、最大二〇万円（休業の影響でアルバイト収入が減った学生に一〇万円、このうち、住民税非課税世帯の学生には二〇万円）の現金給付を行うことを決めた。

しかし、そもそも、学生がアルバイトで学費を賄わなければならないという日本の現状自体が、おかしいのではないだろうか。能力に応じて平等に高等教育の機会を与えられることは、憲法でも国際人権法でも保障された人権だ。したい勉強をしているはずの貴重な時間を、時給わずか千円ほどのアルバイト代で切り売りすることを余儀なくされるべきでない。学生が「奨学金」の名で借金をしたり、アルバイトで学費を稼いだりすることを前提とし、それが減ったから補うというのは、学ぶ権利という人権をあまりにも軽視した考え方だ。本来、国が憲法や社会権規約の趣旨に沿って教育に十分な予算を支出し、高すぎる学費を下げることこそが求められる。アルバイト学生の苦境は、コロナ禍によっていっそう顕在化したとはいえ、根本的に、教育に対する日本の公的支出のお粗末さからくる人権問題なのだ。

多くの人が生活に困窮する中、政府からの支援はあまりにも僅かで、あまりにも遅い。迷走の末、一人に一律一〇万円を配る「特別定額給付金」がようやく決定されたものの、五月末時点で、東京二三区や関東の政令市、県庁所在地など三四市区で給付金が支給された世帯数は総世帯の二％強にすぎない（「「一〇万円給付」支給済み世帯はわずか二・七％関東の主要三四市区を本紙が集計」東京新聞二〇二〇年六月七日 https://www.tokyo-np.co.jp/article/33951）。休業・自粛を強いられるのみで、生存権を支える給付はおぼつかないまま――一〇万円を一回きりというのも少なすぎる――、四月七日からでもすでに丸二カ月が過ぎ、この間、生活保護申請も急増している。

学校が休校になって給食がなくなり、また、全国で増えていた「子ども食堂」も多くはコロナにより休業しているために、まともに食事を食べられず飢えている子どもたちがたくさんいる。子どもの貧困に取り組むNPO法人キッズドア理事長の渡辺由美子さんは、子育て中の四七〇〇あまりの困窮家庭に調査した結果、その約三割は収入が五割以上減っており、無収入になった家庭も九％と、コロナで働きたくても働けない状況の中で食事にも事欠く逼迫した状況にあることを明らかにしている。「休校からすでに二・五カ月たつが、多くの困窮子育て家庭は、いまだに一円も政府からも届いていない。Wifi もタブレットも無い。一日一食しか食べられない子育て家庭にまずは一日三食食べられるようにすることが国の最優先の仕事ではないだろうか？」（渡辺由美子「子どもが飢えている時に、九月入学を議論する余裕はない」https://note.com/yumikowatanabe/n/nb3ccb6ecb28e）。

政府は、このような窮状を放置しているばかりか、コロナ禍に乗じて、党への政治献金や党の宣伝広告担当などで自民党と密接な関係にある一部の民間企業に税金を横流しすることに忙しい。売り上げが減少した中小企業などに最大二〇〇万円の給付金を支給するという「持続化給付金事業」をめぐっては、経済産業省が、大手広告会社の電通や人材派遣会社パソナ、IT業者のトランスコスモスが設立に関わった「一般社団法人サービスデザイン推進協議会」なる法人（職員は設立関与の会社からの出向者）に七六九億円で業務委託し、さらにこの協議会が七四九億円で電通・パソナ・トランスコスモスの三社に再委託をしていたことが明らかになっている（「『給付金』委託費　電通、パソナなど法人設立三社で分け合う」東京新聞二〇二〇年六月二日 https://www.tokyo-np.co.jp/article/32684）。安倍政権は、森友・加計問題をはじめ、税金の不正使用の疑惑を多数抱えているが、本書で指摘したように、学生の学ぶ権利や子どもが健やかに育つ権利などの実現のために国の予算を適切に充てることがいかに不可欠か、ということを考えれば、政権に近い一部の関係者のために税金をざぶざぶと不正に流用するこれらの行為は、人権保障の観点からも大いに問題とされなければならない。

また、このコロナ禍で特に苛酷な状況におかれているのが、入管収容施設に収容されている外国人のように、強制的に人と接触せざるを得ない状況で身体を拘束されている人々だ。日本は、退去強制令書が発付された人をすべて、逃亡の危険がなくても、在留活動を禁止するために「送還可能のときまで」無期限に収容する政策をとっているが、被収容者は多くの場合、六人などの複数人で一二畳といった部屋に入れられており、収容施設内の感染リスクから逃げることができない状況だ。本書で強調したように、外国人でも、また、在留資格がなくとも、国際人権規約などの国際人権法に照らせば、日本がその「管轄下」におく人として人権保障の義務を負う人々であることは明らかだ。入管収容によって身体の自由を奪い、国の当局の管理下においている場合には、なおさら、国は、これらの人々の生命や健康を保護すべき直接の責任を負っている。入管収容を受けている人々の間に感染が広がれば、彼らに日々接している入管職員にも感染の危険が及び、ひいては日本社会に公衆衛生上の広範な影響を与えうることにも注意が必要だ。私たちは皆、すでに同じ社会で生きているのであり、新型コロナウィルスのような感染症拡大の下でも、すべての人の人権を尊重しつつ、共に危機を乗り越えていく視点をもつことが必要だ(国際人権NGOヒューマンライツ・ナウの声明「新型コロナウィルス感染拡大における、在留資格を有しない人々に関する声明」二〇二〇年四月二四日 https://hrn.or.jp/activity/17639/ も参照)。

ウィルスには誰しも感染しうるが、その現実的な可能性と健康への影響は、社会的・経済的弱者に対して、より深刻なかたちで表れる。爆発的な感染拡大が起きているアメリカでは、被害が特に黒人に偏って多いことが統計から明らかになっており、人種間の経済格差が浮き彫りになっていると指摘されている(「新型ウイルス、アフリカ系アメリカ人の感染が深刻　「驚かない」と公衆衛生長官」BBCニュース二〇二〇年四月一一日 https://www.bbc.com/japanese/52240100)。このような偏りは、黒人の多くは清掃・接客・配送業などの職種で働いていて自宅での自主隔離が難しく、また自宅でも過密状態を避けられない低所得者層であることが背景にあると考えられている。

アメリカではまた、二〇二〇年五月二五日にミネアポリスの近郊で、偽札を使った疑いで通報された黒人のジョージ・フロイドさんが白人の警察官に首を強く圧迫され、「息ができない」と言った後に窒息死する事件が起き、根強い人種差別の問題があらためて表面化している。アメリカではこれまでにもたびたびこのような白人警察官による黒人への暴力や過剰な制圧行為が起こってきたことから、「Black Lives Matter(黒人の命も大切だ)」ということを訴える大規模な抗議運動が起き、同様の運動が世界的にも拡大している。国連では六月五日、人権理事会の特別報告者ら六六名が連名で、「国家ぐるみの人種的暴力を表す体系的な差別」であるとしてアメリカ政府に刑事司法の見直しなどの断固たる行動を取るよう求める声明を発表した。

南アのアパルトヘイトこそ撤廃されたものの、人種差別は今日でも国際社会にとって大きな課題であり続けている。特に、警察官のように公権力を行使して法律を執行する立場にある者が体系的に行っている人種差別となれば、それは、差別される者にとっては直ちに命にもかかわることであり、きわめて重大だ。本書でも、入管職員が入管収容施設において外国人に振るっている暴力の例にふれたが、そこにも、密室内で起こりやすい人権問題というだけでなく、肌の色や種族的出身などによって人に平等な権利を認めない、人種差別の要素はないだろうか。人種差別との闘いは日本でも決して他人事ではなく、多様な人々が日本社会に共に暮らすようになっている現在、ますます重要な課題としてとらえていく必要がある。

【コラム　人権保障と予算】

本章では、社会権規約上、「締約国は、立法措置などのすべての適当な方法によりこの規約で認められる権利の完全な実現を漸進的に達成するため、自国における利用可能な資源を最大限に用いることにより……措置を取る」とされているということを見た。この「資源」は、政府公定訳では「手段」と訳されているが、英語正文は resources であり、「資源」と訳すべき語だ。

子どもの権利条約にも、類似の規定がある。子どもの権利条約四条は、国が子どもの権利の実現のためにあらゆる措置を取ること、教育についての権利のような社会的、経済的、文化的権利についても、国の資源を最大限に用いて実現に向けた措置を取る義務を負うことについて次のように規定している。「締約国は、この条約において認められる権利の実現のため、すべての適当な立法措置、行政措置その他の措置を講ずる。締約国は、経済的、社会的及び文化的権利に関しては、自国における利用可能な資源（resources）の最大限の範囲内で、また、必要な場合には国際協力の範囲内で、これらの措置を講ずる。」

国が利用可能な「資源（リソース）」の最たるものは、予算だ。人権、特に教育についての権利のような権利を実現するには、当然ながら、しっかりした予算の裏付けが必要となる。社会権規約や子どもの権利条約のような人権条約は、そのような権利についても、権利実現のために国が資源を最大限に活かして措置を取ることを求めているのだ。

子どもの権利委員会は、この四条に関する一般的意見一九として、まさに「予算」をテーマとした内容の意見を採択し、国が子どもの権利のために十分な予算付けを行う必要性について詳しく述べている（「一般的意見一九号　子どもの権利実現のための公共予算編成」。日本語訳（平野裕二訳）は、日弁連ウェブサイト・国際人権ライブラリー https://www.nichibenren.or.jp/library/ja/kokusai/humanrights_library/treaty/data/child_gc_ja_19.pdf）。委員会はこの中で、予算は、子どもの権利の実現のために動員され（mobilized）、配分され（allocated）、活用され（utilized）なければならないこと、そのための法律と政策が必要であること、子どもの人権状況についてのデータや情報収集が必要であることを強調している。

日本では、教育に充てられる国の公的支出が少なすぎて、教育を受ける子どもや学生の権利がないがしろにされている。高等教育については前項で述べたが、初等教育・中等教育についても問題が山積している。公立小中学校の教員の一週間の仕事時間は、小学校五四・四時間、中学校五六・〇時間で、共に、OECD調査の参加国・地域の中で最長だ（「教員の仕事時間、小中とも最長　OECD調査」日本経済新聞二〇一九年六月一九日 https://www.nikkei.com/article/DGXMZO46302250Z10C19A6CR8000/）。人員が足りない中で、授業のほかにもさまざまな業務への対応を強いられて、過労死する教員も後を絶たない。このような教員の過重労働は、教員の人権問題であると同時に、本来の教育のための時間や、いじめを見つけ対処するといった、生徒に向き合う時間を教員が取れないことを通じて、子どもの人権の保障にも大いに関わっている問題だ。

これほどの長時間労働をしながら、公立小中学校の教員は、「公立の義務教育諸学校等の教育職員の給与等に関する特別措置法」（給特法）の定めにより一律四％の残業代を基本給に上乗せされる代わりに、いくら残業しても残業代が支給されない。文科省の試算によると、教員の働き通りに残業代を支払えば、一年間で少なくとも九〇〇〇億円が必要とされるが、これは日本の国家予算で払えない額だろうか。予算を何に使うかという、優先順位の視点が欠けているだけではないのか。

教育予算に関連して、現在安倍政権の下で毎年増額されている防衛(軍事)予算との比較でももう少し見てみよう。高等教育に関して、二〇一七年から導入された給付制奨学金(毎年二万人)の予算は、二〇一八年度で一〇五億円だ。これは、政府が二〇二四年までにアメリカから導入することを決めている最新鋭F35戦闘機(AとBがあるが、安い方のAで)「一機」約一一六億円にも満たない額だ。二〇一八年一二月一八日に政府は、今後五年間に購入する武器のリストと言える「中期防衛力整備計画」を閣議決定したが、その総額は二七兆円を超える。その中には、護衛艦「いずも」の空母化など、日本がこれまで守ってきた憲法の専守防衛の原則に反するとされるものも多数含まれている。

このように、日本の防衛にとっての必要性も怪しく、憲法原則との整合性も疑問視されている攻撃型の兵器が莫大な国家予算を使って導入され、予算が濫費されている(最新鋭の兵器と言っても、さらにメンテナンス費用が必要であり、かつ、いずれ老朽化して廃棄される)一方で、憲法でも国際人権法でも保障されているはずの、教育を受ける権利への予算投入がおろそかにされているのだ。文科省は、幼児から大学までの教育費全面無償化には新たに四・一兆円必要と試算したことがあるが(二〇一七年二月一六日朝日新聞)、これは日本の国家予算で漸進的に実現することが十分に可能な額だ。ちなみに、二〇二〇年度からの高等教育就学支援新制度の所要額の試算は、約七六〇〇億円にすぎない。

子どもの権利に関しては、例えば虐待防止のための施策をめぐっても、虐待死などが起きるたびに(二〇一九年では例えば結愛ちゃん事件、心愛ちゃん事件)、児童相談所が足りないとか、相談員が不足しているということが繰り返し指摘される。相談員の多くは非常勤であり、また、人員が足りないために、一人で一〇〇件以上といった多数の事案を抱えさせられていることも少なくない。虐待防止の体制を整え、児童相談所を増やすこと、十分な数の人員を配置し、さらに、職員を非常勤ではなくできる限り常勤としつつ専門性を高めていくことは、国が十分な予算を確保してこそ可能になることだ。子どもの貧困についても、六人に一人の子どもは貧困という状況を受け、二〇一四年には「子どもの貧困対策の推進に関する法律(子どもの貧困対策法)」が施行されたが、財源の裏付けがないという理由で貧困削減の数値目標は見送られている。子どもの貧困に真剣に取り組む財源がないとは、あまりにもお粗末な姿勢と言わざるを得ない。

「財源がない」のではなく、「人権の視点がない」のだ。国の予算の編成にあたっては、子どもの人権を含め、国が憲法上また国際人権法上保障すべき人権の観点を反映させていくことが必要だ。

【コラム 日本にも国内人権機関を作ろう】

第二章や第三章では、人種差別や女性差別との関連で、諸外国の法制度についてもふれたが、そこで見たように、諸外国では、多くの場合人権条約の批准をきっかけとして、差別禁止のための法律を制定している。また、重要なのは、そのような法律を所管する国内人権機関が併せて設けられている点が多いことだ。

国内人権機関(National Human Rights Institutions)とは、政府から独立した立場で、人権問題に対する幅広い任務をもった国家機関をいう。国際社会ではそのような機関の重要性が広く認識され、人権委員会と国連総会はそれぞれ一九九二年、一九九三年に、「パリ原則」と呼ばれる決議を採択して、政府からの独立性や任務の広範さなど、求められる国内人権機関の概要を示して各国に設置を促している。

パリ原則への準拠を認証する制度を運用している「国内人権機関グローバル連合(Global Alliance of National Human Rights Institutions, GANHRI)」によると、二〇一九年五月現在で、世界の国内人権機関の数は一二四。そのうち、Aランク認証、つまり、パリ原則の基準を十分に満たす国内人権機関として認知されたものは七九ある。アジア太平洋地域では、アフガニスタン、オーストラリア、インド、インドネシア、マレーシア、モンゴル、ネパール、ニュージーランド、フィリピン、韓国などがAランクの国内人権機関をもっている。

国内人権機関は、国内の人権状況を、憲法上の人権だけでなく、国が批准・加入している人権条約などの国際人権法に照らして監視（モニタリング）するために、調査研究や、政府機関への勧告、人権教育などを行う機関として機能している。また、オーストラリア人権委員会やイギリス平等・人権委員会のように、人権保障に関する国の法律（差別禁止法や人権法）を所轄し、法律に反する差別や人権侵害の申立を受け付け処理する任務が与えられている場合も多い。

オーストラリアの性差別禁止法については紹介したが、右上は人種差別禁止法のパンフレットだ。

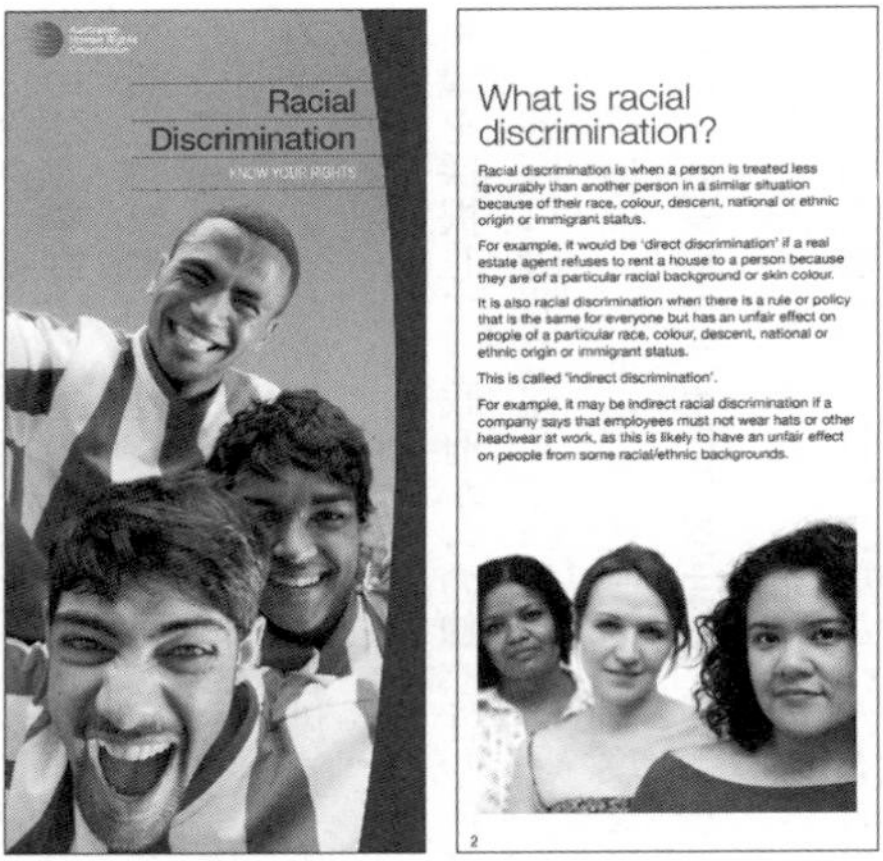

Racial
Discrimination
KNOW YOUR RIGHTS
What is racial discrimination?
Racial discrimination is when a person is treated less favourably than another person in a similar situation because of their race, colour, descent, national or ethnic origin or immigrant status.
For example, it would be 'direct discrimination' if a real estate agent refuses to rent a house to a person because they are of a particular racial background or skin colour.
It is also racial discrimination when there is a rule or policy that is the same for everyone but has an unfair effect on people of a particular race, colour, descent, national or ethnic origin or immigrant status.
This is called 'indirect discrimination'.
For example, it may be indirect racial discrimination if a company says that employees must not wear hats or other headwear at work, as this is likely to have an unfair effect on people from some racial/ethnic backgrounds.
2

オーストラリアの人種差別禁止法のパンフレット

オーストラリア人権委員会は、この人種差別禁止法を含む、連邦法として四つの差別禁止法を所管し、差別についての中立の調停も行う国内人権機関だ。イギリスでは、二〇一〇年平等法の執行のための国内人権機関として「平等・人権委員会」が設置されていることは前述した。左はそのウェブサイトだ。

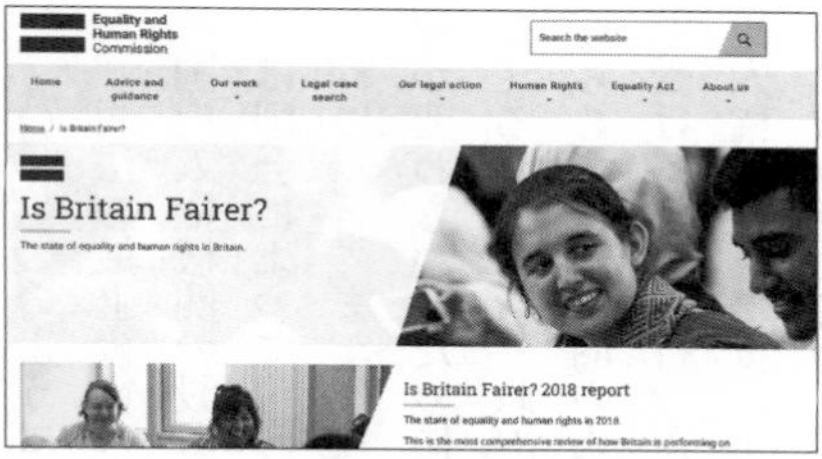

イギリスの平等・人権委員会のウェブサイトより(https://www.equalityhumanrights.com/en)

また、イギリスにはこのほかにも、「子どもコミッショナー(Children's Commissioner)」という、子どもの権利に特化した国内人権機関もある。その活動として、例えば、非就労世帯に対する生活保護給付に一律に上限を設ける省令案をイギリス政府が国会に提出した際、「子どもコミッショナー」が、子どもがいる家庭について「子どもの個別の状況に関係なく一律に上限を課すことは、子どもの権利条約第三条一項に基づく最善の利益の原則に抵触しうる」という見解を表明したことがある。二〇一五年にイギリスの最高裁は、この省令をめぐる裁判で、この子どもコミッショナーの見解も引用して、省令は子どもの権利条約の定める子どもの最善の利益の原則に反するという判決を出している(*R v. Secretary of State for Work and Pensions*, 二〇一五年三月一八日)。このように、人権問題について政府から独立の立場で検討する国内人権機関の見解が、司法の最上級審の判断を左右することもあるのだ。

国内人権機関の設置は、日本にとってぜひとも必要な課題だ。人権条約を受けた国内法の整備は国会によって行われるが、マイノリティ(例えば婚外子、外国人)の声は国会になかなか反映されにくい。また、人権条約機関からは総括所見でさまざまな指摘を受けているが、日本の状況が変わらないために毎回同じ指摘が繰り返されることが多いのが現状だ。このような現状を変えるためにも、政府からは独立した立場で、憲法上の人権のみならず国際人権法上の人権に照らして日本国内の人権問題を取り上げ、政府機関に勧告したり、差別などの人権侵害の申立を受けて調停を行ったりできる国内人権機関があれば、どんなに素晴らしいだろう。

人権擁護を職責とする弁護士の職業団体であり、国際人権法にかかわる問題についても積極的に取り組んでいる日弁連は、毎年、人権擁護大会を開催しているが、二〇一九年一〇月に開催された大会では、個人通報制度への参加と国内人権機関の設置を求める決議を採択している。

読書案内

様々な人権問題に対して、私たちは「ひどい。このような問題が早くなくなってほしい」と思うけれども、それらを本当に解決していくためには、法(憲法や各種の法律などからなる国内法、及び、本書で見た国連憲章や人権条約のような国際法)に照らして考えるとともに、国の政策の中に人権保障をしっかりと位置づけていくことが必須だ。外国人の人権、人種差別の撤廃、女性の権利の保護、学生の学ぶ権利など、本書で具体的に取り上げたいくつかの事柄をみても分かるように、日本で起きている人権問題は、偶然の事情で起こった散発的な事例というよりも、法制度やその運用の面でそもそも根本的な問題があり、国の政策的な取り組みとして改善を図っていくことが必要なものが多い。国際人権基準は、そのために参照すべき重要なものさしだ。また、日本が批准した条約は国内で効力をもつ(=国内でも現行法としての力をもつ)から、裁判の事案でも、当事者は、関連する人権条約の規定を援用した主張ができるし、裁判所も、人権条約の規定をきちんとふまえた判断を出すことが求められる(例えば、人種差別が問題になっている事案で、人種差別撤廃条約の趣旨をふまえた判断を行うなど)。

人権条約上の個人通報制度を日本は未だに一つも受け入れていないが、これは日本が国際人権基準を現実に国内で実施することに消極的なことを端的に示す事実で、今後の課題だ。この制度を受け入れることは、日本でも国際人権基準に沿った考え方を根付かせる大きな力になるだろう。

本文中でもいくつか文献を紹介しているが、本書を読んで関心を持っていただけたら、他にも次のような本・資料を参考にして視野を広げていただければと思う。いずれも、国際人権基準をふまえることでどれだけ人権問題の解決を図っていくことができるかを考えさせてくれるものだ。

申惠丰『友だちを助けるための国際人権法入門』影書房、二〇二〇年

申惠丰『国際人権法——国際基準のダイナミズムと国内法との協調〔第二版〕』信山社、二〇一六年

阿部浩己『国際人権を生きる』信山社、二〇一四年

阿部浩己『国際法を物語るIII——人権の時代へ』朝陽会、二〇二〇年

近藤敦編著『外国人の人権へのアプローチ』明石書店、二〇一五年

林陽子『日本をジェンダー平等社会に　講演録「今こそ、女性差別撤廃条約選択議定書の批准を！」』日本女性差別撤廃条約NGOネットワーク、二〇一八年

指宿昭一『使い捨て外国人——人権なき移民国家、日本』朝陽会、二〇二〇年

冨田真由美『あきらめない。ヘイトクライムとたたかった二三九四日』アジェンダ・プロジェクト、二〇一九年

国際人権NGOヒューマンライツ・ナウ「#MeTooを法律へ　性犯罪に関する各国法制度調査報告書」二〇一八年、https://hrn.or.jp/news/14625/
渡部昭男『能力・貧困から必要・幸福追求へ――若者と社会の未来をひらく教育無償化』日本標準ブックレット、二〇一九年
山下潔『国際人権法――人間の尊厳の尊重・確保と司法』日本評論社、二〇一四年
『手錠腰縄による人身拘束――人間の尊厳の確保の視点から』日本評論社、二〇一七年

申 惠丰

1966年東京生まれ
1988年青山学院大学法学部卒業
1993年ジュネーブ国際高等研究所修士課程修了
1995年東京大学大学院法学政治学研究科博士課程修了，法学博士
現在―青山学院大学教授・法学部長，認定NPO法人ヒューマンライツ・ナウ理事長
著書―『人権条約上の国家の義務』(日本評論社，安達峰一郎記念賞)
『人権条約の現代的展開』(信山社)
『国際人権法――国際基準のダイナミズムと国内法との協調〔第2版〕』(信山社)
『友だちを助けるための国際人権法入門』(影書房)

国際人権入門―現場から考える　岩波新書(新赤版)1845

2020年8月20日　第1刷発行

著 者　申《しん》 惠《へ》丰《ぼん》

発行者　岡本 厚

発行所　株式会社 岩波書店
〒101-8002 東京都千代田区一ツ橋2-5-5
案内 03-5210-4000　営業部 03-5210-4111
https://www.iwanami.co.jp/

新書編集部 03-5210-4054
https://www.iwanami.co.jp/sin/

印刷・三陽社　カバー・半七印刷　製本・中永製本

ISBN 978-4-00-431845-3　Printed in Japan

岩波新書新赤版一〇〇〇点に際して

ひとつの時代が終わったと言われて久しい。だが、その先にいかなる時代を展望するのか、私たちはその輪郭すら描きえていない。二〇世紀から持ち越した課題の多くは、未だ解決の緒を見つけることのできないままであり、二一世紀が新たに招きよせた問題も少なくない。グローバル資本主義の浸透、憎悪の連鎖、暴力の応酬——世界は混沌として深い不安の只中にある。

現代社会においては変化が常態となり、速さと新しさに絶対的な価値が与えられた。消費社会の深化と情報技術の革命は、種々の境界を無くし、人々の生活やコミュニケーションの様式を根底から変容させてきた。ライフスタイルは多様化し、一面では個人の生き方をそれぞれが選びとる時代が始まっている。同時に、新たな格差が生まれ、様々な次元での亀裂や分断が深まっている。社会や歴史に対する意識が揺らぎ、普遍的な理念に対する根本的な懐疑や、現実を変えることへの無力感がひそかに根を張りつつある。そして生きることに誰もが困難を覚える時代が到来している。

しかし、日常生活のそれぞれの場で、自由と民主主義を獲得し実践することを通じて、私たち自身がそうした閉塞を乗り超え、希望の時代の幕開けを告げてゆくことは不可能ではあるまい。そのために、いま求められていること——それは、個と個の間で開かれた対話を積み重ねながら、人間らしく生きることの条件について一人ひとりが粘り強く思考することではないか。その営みの糧となるものが、教養に外ならないと私たちは考える。歴史とは何か、よく生きるとはいかなることか、世界そして人間はどこへ向かうべきなのか——こうした根源的な問いとの格闘が、文化と知の厚みを作り出し、個人と社会を支える基盤としての教養となった。まさにそのような教養への道案内こそ、岩波新書が創刊以来、追求してきたことである。

岩波新書は、日中戦争下の一九三八年一一月に赤版として創刊された。創刊の辞は、道義の精神に則らない日本の行動を憂慮し、批判的精神と良心的行動の欠如を戒めつつ、現代人の現代的教養を刊行の目的とする、と謳っている。以後、青版、黄版、新赤版と装いを改めながら、合計二五〇〇点余りを世に問うてきた。そして、いままた新赤版が一〇〇〇点を迎えたのを機に、人間の理性と良心への信頼を再確認し、それに裏打ちされた文化を培っていく決意を込めて、新しい装丁のもとに再出発したいと思う。一冊一冊から吹き出す新風が一人でも多くの読者の許に届くこと、そして希望ある時代への想像力を豊かにかき立てることを切に願う。

（二〇〇六年四月）

岩波新書より

政治

日米安保体制史　吉次公介
官僚たちのアベノミクス　軽部謙介
在日米軍　変貌する日米安保体制　梅林宏道
憲法改正とは何だろうか　高見勝利
共生保障〈支え合い〉の戦略　宮本太郎
シルバー・デモクラシー　戦後世代の覚悟と責任　寺島実郎
憲法と政治　青井未帆
18歳からの民主主義　岩波新書編集部編
検証　安倍イズム　柿崎明二
右傾化する日本政治　中野晃一
外交ドキュメント　歴史認識　服部龍二
日米〈核〉同盟　原爆、核の傘、フクシマ　太田昌克
集団的自衛権と安全保障　豊下楢彦・古関彰一
日本は戦争をするのか　半田滋
アジア力の世紀　進藤榮一
民族紛争　月村太郎
自治体のエネルギー戦略　大野輝之
政治的思考　杉田敦
現代日本の政党デモクラシー　中北浩爾
サイバー時代の戦争　谷口長世
現代中国の政治　唐亮
日本の国会　大山礼子
戦後政治史〔第三版〕　石川真澄・山口二郎
〈私〉時代のデモクラシー　宇野重規
大臣〔増補版〕　菅直人
生活保障　排除しない社会へ　宮本太郎
「ふるさと」の発想　西川一誠
「戦地」派遣　変わる自衛隊　半田滋
民族とネイション　塩川伸明
昭和天皇　原武史
集団的自衛権とは何か　豊下楢彦
沖縄密約　西山太吉
ルポ改憲潮流　斎藤貴男
吉田茂　原彬久
安心のファシズム　斎藤貴男
市民の政治学　篠原一
東京都政　佐々木信夫
有事法制批判　憲法再生フォーラム編
日本政治　再生の条件　山口二郎編著
安保条約の成立　豊下楢彦
岸信介　原彬久
自由主義の再検討　藤原保信
一九六〇年五月一九日　日高六郎編
日本の政治風土　篠原一
近代の政治思想　福田歓一
日本精神と平和国家　矢内原忠雄

経済

日本の税金〔第3版〕	三木義一
金融政策に未来はあるか	岩村充
経済数学入門の入門	田中久稔
地元経済を創りなおす	枝廣淳子
会計学の誕生	渡邉泉
偽りの経済政策	服部茂幸
ミクロ経済学入門の入門	坂井豊貴
経済学のすすめ	佐和隆光
ガルブレイス	伊東光晴
ユーロ危機とギリシャ反乱	田中素香
ポスト資本主義 科学・人間・社会の未来	広井良典
タックス・イーター	志賀櫻
コーポレート・ガバナンス	花崎正晴
グローバル経済史入門	杉山伸也
新・世界経済入門	西川潤
金融政策入門	湯本雅士
日本経済図説〔第四版〕	宮崎勇 本庄真 田谷禎三
新自由主義の帰結	服部茂幸
タックス・ヘイブン	志賀櫻
WTO 貿易自由化を超えて	中川淳司
日本財政 転換の指針	井手英策
日本の税金〔新版〕	三木義一
世界経済図説〔第三版〕	宮崎勇 田谷禎三
成熟社会の経済学	小野善康
平成不況の本質	大瀧雅之
原発のコスト	大島堅一
次世代インターネットの経済学	依田高典
ユーロ 危機の中の統一通貨	田中素香
低炭素経済への道	諸富徹 浅岡美恵
「分かち合い」の経済学	神野直彦
グリーン資本主義	佐和隆光
消費税をどうするか	小此木潔
国際金融入門〔新版〕	岩田規久男
金融商品とどうつき合うか	新保恵志
金融NPO	藤井良広
地域再生の条件	本間義人
経済データの読み方〔新版〕	鈴木正俊
格差社会 何が問題なのか	橘木俊詔
景気とは何だろうか	山家悠紀夫
環境再生と日本経済	三橋規宏
社会的共通資本	宇沢弘文
景気と国際金融	小野善康
経営革命の構造	米倉誠一郎
ブランド 価値の創造	石井淳蔵
景気と経済政策	小野善康
戦後の日本経済	橋本寿朗
共生の大地 新しい経済がはじまる	内橋克人
シュンペーター	伊東光晴 根井雅弘
経済学の考え方	宇沢弘文
経済学とは何だろうか	佐和隆光
イギリスと日本	森嶋通夫
近代経済学の再検討	宇沢弘文